CLAUDIA ROSSBACHER (HRSG.)

Wer mordet schon in der Steiermark?

TOD IM GRÜNEN HERZEN Elf einschlägig vorbelastete Schreibtischtäter haben sich im wahrsten Sinn des Wortes auf die Steiermark eingeschossen und begeben sich auf Mordstour. Sie alle erzählen kriminelle Kurzgeschichten, die kreuz und quer durch die steirischen Regionen führen. Ihre mörderischen Spuren beginnen in der Landeshauptstadt Graz und ziehen sich weiter über sanfte Hügel, durch dichte Wälder, über steil aufragende Alpengipfel, zu glasklaren Seen, Bächen und Flüssen. Herausgeberin Claudia Rossbacher ist eine exklusive Mischung gelungen, die von gebürtigen Steirern über Wahl- und Exilsteirer bis hin zu jenen Autoren reicht, die einen ganz persönlichen Bezug zu Österreichs grünstem Bundesland aufweisen. Mit besten Ortskenntnissen ausgestattet geben die Autoren am Ende des Buches auch noch 125 Freizeittipps, die dem Leser Lust auf Ausflüge, Touren, Sehenswürdigkeiten und typisch Steirisches machen.

Claudia Rossbacher (Hrsg.), geboren in Wien, war nach ihrem Studium der Tourismuswirtschaft Model, Texterin und Kreativdirektorin in internationalen Werbeagenturen. Seit 2006 arbeitet sie als freie Autorin in Wien. In dieser Zeit entstanden unter anderem mehrere Kurzkrimis und Kriminalromane. Ihr Alpen-Krimi »Steirerblut« wurde von Wolfgang Murnberger für den ORF verfilmt. »Steirerherz«, »Steirerkind« und »Steirerkreuz« aus den folgenden Jahren konnten sich, wie schon der erste Fall der LKA-Ermittlerin Sandra Mohr, wochenlang in den österreichischen Beststellerlisten behaupten.

Bisherige Veröffentlichungen im Gmeiner-Verlag:
Steirerland (2015)
Steirerkreuz (2014)
Enter ermittelt (2013)
Griaß eich in der Steiermark (2013)
Steirerkind (2013)
Steirerherz (2012)
Steirerblut (2011)

CLAUDIA ROSSBACHER (HRSG.)

Wer mordet schon in der Steiermark?

11 Krimis und 125 Freizeittipps

GMEINER SPANNUNG

Personen und Handlung sind frei erfunden.
Ähnlichkeiten mit lebenden oder toten Personen
sind rein zufällig und nicht beabsichtigt.

Besuchen Sie uns im Internet:
www.gmeiner-verlag.de

Im Ehnried 5, 88605 Meßkirch
Telefon 07575/2095-0
info@gmeiner-verlag.de

1. Auflage 2015

Lektorat: Claudia Senghaas, Kirchardt
Herstellung: Julia Franze
Umschlaggestaltung: U.O.R.G. Lutz Eberle, Stuttgart
unter Verwendung eines Fotos von: © sassyphotos – Fotolia.com
und © by paul – Fotolia.com
Druck: GGP Media GmbH, Pößneck
Printed in Germany
ISBN 978-3-8392-1775-7

INHALT

Vorwort der Herausgeberin 7

Ausseerland – Salzkammergut (Bezirk Liezen)
Blau blüht nicht nur der Enzian
Herbert Dutzler 9

Hochsteiermark – Steirische Eisenstraße
(Bezirk Leoben)
Das Versprechen
Lisa Lercher 26

Graz
Wie lange noch?
Ilona Mayer-Zach 46

Oststeiermark
(Bezirke Hartberg-Fürstenfeld und Weiz)
Mörderjagd
Beate Maxian 69

Weststeiermark – Schilcherland
(Bezirk Deutschlandsberg)
Mord im Flascherlzug
Günter Neuwirth 88

Region Graz (Bezirk Graz Umgebung)
Unter dem dichten Dach des Waldes
Robert Preis 107

Hochsteiermark – Mürzer Oberland
(Bezirk Bruck-Mürzzuschlag)
In Ewigkeit, Amen.
Claudia Rossbacher 137

Thermenland Steiermark – Vulkanland
(Bezirk Südoststeiermark)
Kunstfehler
Clementine Skorpil 154

Südsteiermark (Bezirk Leibnitz)
Wilfert und die Leiche im Attemsmoor
Andrea Stift 178

Weststeiermark – Lipizzanerheimat
(Bezirk Voitsberg)
Eine besondere Gabe
Isabella Trummer 198

Urlaubsregion Murtal – Kreischberg Murau
(Bezirk Murau)
Herz aus Eis
Jennifer B. Wind 215

Autorenviten 235

VORWORT DER HERAUSGEBERIN

»Wer mordet schon in der Steiermark?« Diese Frage des Gmeiner Verlags konnte ich getrost mit »Ich« beantworten. Schließlich hat in den vergangenen fünf Jahren vermutlich niemand mehr Leichen in der Steiermark hinterlassen als meine Wenigkeit. Alle rein fiktiv, versteht sich. In meinen bisher fünf Steirerkrimis – von Steirerblut (2011) bis Steirerland (2015) – zähle ich insgesamt elf Leichen, inklusive einem erhängten Hund und einem gemeuchelten Vogel. Wenn ich jetzt keine vergessen habe. Dazu kommen noch einige steirische Opfer, die in Kurzgeschichten ihr Leben lassen mussten. Nicht, dass ich etwas gegen die Steirer hätte, nein. Ganz im Gegenteil. Ich bin seit über 20 Jahren mit einem solchen Prachtexemplar verheiratet. (An dieser Stelle bricht bei Lesungen immer tosender Applaus aus – keine Ahnung, warum …)

Für die vorliegende Kurzkrimisammlung wollte ich nicht Einzeltäterin bleiben, gibt es inzwischen doch einige Kolleginnen und Kollegen, die sich erfolgreich durch die Lande morden. Und so habe ich mich unter ihnen nach geeigneten Komplizen umgesehen, die mit mir gemeinsam einen mörderischen Streifzug durch die steirischen Regionen unternehmen. Nach Autorinnen und Autoren, die mit Land und Leuten bestens vertraut sind, weil sie entweder selbst aus der Steiermark stammen, dort leben und/oder einen anderen persönlichen Bezug zum Tatort ihrer Wahl haben.

So halten Sie nun eine bunte, heitere bis spannende Mischung geballter krimineller Energie in Ihren Händen, die Sie hoffentlich bestens unterhalten wird. Nebenbei liefern wir Ihnen noch so manchen Freizeittipp mit. Falls Sie sich danach noch an die schaurig-schönen Schauplätze der Verbrechen und in deren Umgebung wagen …

Ich wünsche Ihnen spannende Stunden in der Steiermark – auch im Namen meiner zehn Autorenkolleginnen und -kollegen, für deren Beiträge ich mich an dieser Stelle noch einmal herzlich bedanken möchte!

Ihre
Claudia Rossbacher

AUSSEERLAND – SALZKAMMERGUT (BEZIRK LIEZEN)

Blau blüht nicht nur der Enzian

Herbert Dutzler

1

Ich bin ja an und für sich nicht so der Wander-Typ. Allein schon wegen meiner Statur. Als Frau sagt man das ja ungern von sich selber, aber ich bin mehr der festere Typ. Unfreundliche würden sagen, übergewichtig. Aber als Köchin ist man ja ständig den verführerischsten Nahrungsmitteln ausgesetzt. Und ich kann da halt nicht immer widerstehen. Eigentlich nie, wenn wir uns ganz ehrlich sind.

Aber der Joe hat ja recht. Es tut mir gut, aus dem Restaurant herauszukommen. Wenigstens am Ruhetag. Stress abbauen. Die Küche ist wirklich kein sehr gesunder Arbeitsplatz, einmal abgesehen von den verführerischen Köstlichkeiten, die immer in Griffweite sind. Heiß ist es, laut ist es, man muss die ganze Zeit stehen, und schnell gehen soll alles. Eigentlich ein Wunder, dass ich sie trotzdem so liebe, meine Küche.

Und außerdem muss ich sowieso dringend was für

meine Fitness tun. Da ist Wandern, das muss ich dem Joe zugestehen, wahrscheinlich sogar das Gescheiteste. Vor allem hier auf der Tauplitz 1. Schöner kann es ja fast nirgends sein. Vor allem für mich, es geht nämlich nicht so wahnsinnig viel bergauf, wenn man vom Parkplatz hierher zur Leistalm 2 wandert. Und das kommt mir entgegen. An wie vielen Seen sind wir vorbeigekommen? Ich glaube, an drei. Mindestens. Eigentlich ist es eine Schande, dass ich als Einheimische noch nie hier heroben war. Was da alles blüht! Vor allem jetzt, im Juni! Der Almrausch! Ein Wahnsinn! Ich interessiere mich ja eigentlich, was die Natur angeht, hauptsächlich für das, was man essen kann. Pilze zum Beispiel. Und Wiesenkräuter. Für die brauch ich Gott sei Dank nicht drei Stunden durch die Gegend latschen. Drei Stunden! Und den ganzen Weg müssen wir auch wieder zurückgehen!

Und hier, auf der Leistalm, da gibt es nicht einmal was zu essen. Und nach drei Stunden Wandern, das muss ich ehrlich sagen, da bin ich mit einem im Rucksack zerquetschten Extrawurstsemmerl nicht wirklich zu befriedigen. Was man hier anfangen könnte, in dieser gottvollen Gegend! Die satten Almwiesen! Jeder Baum praktisch ein Gesamtkunstwerk für sich, wie sie knorrig und verkrüppelt dastehen. Dazwischen das dunkelblaue Leuchten der Wasserflächen. Was man da Feinschmeckern bieten könnte, natürlich regional bezogen. Das Problem ist halt die Zufahrt – hier gibt's nämlich keine. Die Wirtin hat erzählt, dass alles mit der Pistenraupe hierher transportiert wird. Also, bevor die Skisaison zu Ende ist. Die gesamten Getränke für die ganze Saison. Und wenn man einmal was extra braucht, geht das nur im Rucksack oder mit dem

Muli. Na ja, da ist mir mein Restaurant schon lieber. Da kommt der Gemüsegroßhändler direkt vor den Lieferanteneingang gefahren. Aber den brauch ich jetzt eh nicht mehr lang. Ich hab mir vorgenommen, nur mehr bei den Biobauern in der Umgebung einzukaufen. Und halt nur das, was gerade Saison hat. Bin schon gespannt, wie ich da durch den Winter komme. Aufregend wird's auf jeden Fall.

Den Joe, den stört das anscheinend nicht, dass es hier nichts zu essen gibt. Er ist schon beim dritten Bier. Und manchmal hab ich den Verdacht, dass das Wandern bei ihm ohnehin nur eine Ausrede fürs Saufen ist. Bei jeder Hütte müssen wir einkehren. Und immer wieder heißt es »Jetzt haben wir uns aber ein Bier verdient!« Ja, eines! Aber bei dem bleibt es nicht. Und jedes muss natürlich auch von einem Schnaps die Gurgel hinunter begleitet werden. Wo es doch auf dieser Hütte so einen fantastischen Zirbenschnaps gibt. Und auf der nächsten einen unschlagbaren Vogelbeer. Und die anderen, die halten natürlich kräftig mit. Die Männer, natürlich, vor allem. Ich trink am liebsten selbst gemachten Saft. Hollersaft, zum Beispiel. Wenn man da ein wenig Minze, vielleicht auch ein bisschen Zitronenmelisse hineingibt, ist das ein fantastisches Getränk. Eiskalt, natürlich. Da brauch ich gar keinen Prosecco oder so Zeug.

Manchmal frag ich mich schon, ob das eine gute Idee war, dass der Joe und ich heiraten. Je näher der Termin kommt, desto mehr Zweifel habe ich. Ich hab mir das immer so schön vorgestellt: Heiraten am Ödensee 3. Für mich einer der schönsten Plätze der Erde – das tiefblaue, fast schwarze Wasser, der stille, wirklich stille Wald, drum herum, ich hab als Kind schon fast die ganzen Ferien am Ödensee verbracht. Sobald ich den Radlführerschein gehabt hab, mit elf, bin ich praktisch jeden Tag hingefahren, oft mit der Oma. Und mir war es fast nie zu kalt zum Schwimmen, nicht einmal im Juni oder in verregneten Sommern, wenn der See vielleicht 17, 18 Grad gehabt hat. Und da wollte ich halt unbedingt dort heiraten, im Freien, vielleicht sogar auf dem Steg, wenn das Wetter schön ist. Und dann in der Kohlröserlhütte feiern. Das wäre ja überhaupt mein größtes Ziel, dass ich einmal die Kohlröserlhütte pachten kann. Und dann ein erstklassiges Wirtshaus daraus machen. Aber, ob daraus was wird, das steht noch in den Sternen.

Nicht in den Sternen steht die Hochzeit. »Was immer du willst, Schatzerl«, hat der Joe gesagt, wie ich ihm meine Hochzeitspläne erklärt hab, aber ich glaub, er hat gar nicht richtig zugehört. »Was immer du willst«. Na ja, das spielt's leider nicht immer. Wenn ich ihm sag, dass ihm zum Oberkellner doch noch einiges an Schliff, und an Fähigkeiten sowieso, fehlt, dann ist Schluss mit »Was immer du willst«. Er müsste halt dringend ein Praktikum in einem wirklich guten Betrieb machen, besser noch, eine ganze Saison lang dort arbeiten. Und ein bisschen Fremdsprachen, und gutes Benehmen, das würde ihm auch nicht schaden. Manchmal bin ich mir nicht sicher, ob es ihm wirklich um mich geht, oder ob er sich nur in meinem Restaurant als Chef einnisten will. Dabei kann er auch richtig liebevoll sein, charmant, daran liegt es nicht. Und auch im Bett, da fühl ich mich so richtig begehrt von ihm, da zeigt er durchaus großes Interesse. Aber sonst?

Wo ist er denn eigentlich? »Sagt's, wisst ihr, wo der Joe ist?« Sie haben schon wieder eine Runde bestellt.

»Der ist hinter die Hütten, weil was oben hineinrinnt, muss unten auch wieder heraus!«, lacht der Toni und schlägt sich auf das Hirschleder auf seinen Oberschenkeln. Ich trink jetzt meinen Saft aus, und dann geh ich einmal eine Runde, wenn hier noch weiter getrunken wird. Vielleicht gibt es ein paar interessante Wiesenkräuter.

Die Anna, fällt mir auf, die ist auch schon längere Zeit verschwunden. Besser, ich mach mich gleich auf den Weg. Zu einer Runde auf der Alm kommt es aber gar nicht mehr. Als ich um die Ecke der Hütte biege, sehe ich die Anna und den Joe und zucke zurück. Sie haben mich nicht gesehen. Ich trete einen Schritt zurück und luge um die Ecke. Der Joe hat die Nase im Ausschnitt von der Anna, und seine Pfoten haben ihren Dirndlrock hochgerafft und sich auf ihren Pobacken verankert. Mehr muss ich gar nicht sehen.

Ich rede nicht sehr viel auf dem Rückweg. Darf ja niemanden wundern. Der Joe vermeidet es, in der Nähe der Anna zu gehen, nur ihre Blicke treffen sich manchmal. Da braucht mir niemand was zu erklären, niemand. Und was die Hochzeit betrifft, da wird auch noch einiges zu überlegen sein. Ungeschoren wird er mir jedenfalls nicht davon kommen. Wer über die Pflanzen Bescheid weiß, die man essen kann, der weiß auch was über die, die einem gar nicht gut bekommen.

2

Heute Abend werde ich Witwe sein. Nach diesem fatalen Ausflug auf die Tauplitzalm war ich so wütend, dass ich eigentlich sofort zuschlagen wollte. Aber meine Wut ist verraucht, ich weiß nicht warum, und so habe ich abgewartet. Bis ich den endgültigen Beweis in Händen hatte, dass er mich betrügt. Ich erspare mir jetzt Details, aber ich habe gesehen, wie er es mit der Anna in seinem Auto getrieben hat. Und dafür wird er jetzt büßen müssen.

Ich habe mich in allen Einzelheiten informiert. Er wird bis zum Schluss heftige Schmerzen haben, das ist mir das Wichtigste. Bis zu seinem Tod wird er bei vollem Bewusstsein bleiben, er wird sich fühlen, als hätte er Eiswasser statt Blut in den Adern, und er wird einkoten und sich vollkotzen. Vor allem das Letztere ist ein wesentlicher Bestandteil meines Plans.

Ich habe Wurzeln des Blauen Eisenhut gesammelt. Die giftigste Pflanze Europas, sagt man. Und, ein großer Vorteil, das Gift wird auch durch die Haut aufgenommen. Und genau das wird stattfinden. Hoffentlich geht es nicht zu schnell, denn es soll vor den Augen aller passieren. Nachdem er »Ja«gesagt hat. So eine kleine Witwenrente ist nicht zu verachten, auch, wenn sie sehr bescheiden ausfallen wird. Viel verdient hat der Joe ja nie.

Wir heiraten in der Tracht. Er in der Lederhose. Deshalb habe ich ein blaukariertes Hemd in einem Wurzelsud aus Eisenhut gekocht. Genauso eines, wie er es tragen wird. Getrocknet, gebügelt und schön zusammengefaltet. Natürlich alles mit Gummihandschuhen. Das einzige

Problem wird sein, dass ich es, wenn auch nur für kurze Zeit, bei der Hochzeit werde anfassen müssen. Und ich habe Rotwein aus seinem Geburtsjahrgang besorgt. Als Überraschung.

Es ist wunderbares Wetter. Strahlend blauer Himmel, das Gewitter gestern Abend hat die Schwüle weggeblasen, es ist warm, aber nicht heiß, ein leichter Wind kräuselt den See, und die Sonnenschirme flattern ein klein wenig in der Brise, so wie mein Dirndlrock. Joe hat beim Sektfrühstück schon ordentlich zugelangt und ist unaufmerksam. Ich werde leichtes Spiel haben. Und er wirft der Anna Blicke zu. Auffällige. Er hätte lieber nüchtern bleiben sollen.

Ich lächle ihn an. Dann klopfe ich mit einem Messerrücken gegen das Sektglas, das ich in der Hand halte. »Lieber Joe«, sage ich, während die Kellnerin schon mit den Rotweingläsern auf die Terrasse tritt. »Ich habe heute, anlässlich unserer Hochzeit, noch eine besondere Überraschung für dich vorbereitet.«

Joe grinst, hebt sein Glas und starrt mir in den Ausschnitt. Ich habe mir ein besonders tief ausgeschnittenes Hochzeitsdirndl machen lassen, erstens, weil mein Busen wahrscheinlich das Sehenswerteste an mir ist, und zweitens, weil ich den Joe damit von allem anderen ablenken kann. »Ich habe für meinen Joe«, sage ich, ziehe ihn zu mir heran und küsse ihn demonstrativ auf den schon ziemlich hohen Haaransatz, »einen Rotwein aus seinem Geburtsjahrgang erstanden, und mit dem wollen wir jetzt anstoßen, bevor es ernst wird!« Ich habe nicht davor zurückgeschreckt, ausgerechnet die Anna zu bitten, die Flasche zu halten. Zugegeben, es ist etwas ungewöhnlich, so etwas vor der Zeremonie zu inszenieren, aber die einen sind schon so angeheitert, dass ihnen nichts mehr auffällt, und die anderen sind begierig darauf, endlich einmal einen wirklich teuren Wein kosten zu können. Oder beides. Der Sekt macht keine Flecken, und ich brauche etwas, das Flecken hinterlässt. Ich habe einen Tignanello Magnum besorgt, mehr als 300 Euro hat die Flasche gekostet. Man will sich ja schließlich nicht nachsagen lassen, dass man knauserig ist. Ich nehme der Anna die Flasche ab, lächle ihr zu und zeige die Flasche allen Umstehenden, es gibt Applaus. Ich schenke ein. Noch ist keine Eile geboten, ich muss mich nur darauf konzentrieren, was jetzt zu tun ist.

Zuerst einmal gar nichts. Ich koste den Wein. Er schmeckt fantastisch. Ich bin nicht besonders gut darin, den Geschmack von Wein in Worte zu fassen. Ich weiß nur, dass der Geschmack einer ist, den ich noch morgen auf der Zunge haben werde. Wenn ich Witwe bin. Ein Geschmack, den ich mir immer wieder ins Gedächtnis zurückrufen kann, wie andere vielleicht ein Bild oder einen Schmerz.

Joe stürzt den Wein hinunter. »Danke, mein Schatz! Vielen Dank!« Er schwankt ein wenig, als er mich auf die Wange küsst.

Ich lasse mir Zeit und trinke den Wein aus. Fast. Ich trete zu Joe. »Küss mich noch einmal«, sage ich, und als er sich meinem Mund nähert, lasse ich das Glas fallen.

»Bist du deppert?«, schreit Joe angesichts der Bescherung. »Mein Hemd!« Wenn was nicht passt, ist es immer schnell vorbei mit seinem Charme. Mit gutem Benehmen sowieso. Eine granatrote Spur zieht sich von der Brust bis in die Bauchgegend. Gut getroffen. Immer noch muss ich mich nicht beeilen. »Ich weiß doch, was mein Joe für ein

Patzer ist! Ich habe ein Reservehemd für ihn im Auto!« Das Gelächter der Umstehenden ist mir sicher. »Nachher müssen wir aber gleich die Trauung machen«, sage ich zum Standesbeamten. »Wegen des Timings fürs Menü. Da wird das Essen hin, wenn wir uns verspäten.«

Der Standesbeamte nickt, schnappt seinen Aktenkoffer und geht auf den Steg zu, wo für ihn und uns beide Sessel aufgestellt sind, dazwischen ein Tisch. Alles hübsch dekoriert. Alle anderen, auch die Trauzeugen, müssen während der Trauung stehen bleiben.

Ich haste zum Auto. Öffne die Tür, hole den Sprühverband aus dem Handschuhfach. Sprühe mir die Finger der rechten Hand ein, mit denen ich das Hemd anfassen werde. Hoffentlich reicht das. Ich nehme das Hemd, werfe die Autotür zu, haste zurück.

Natürlich. Die Anna zieht dem Joe gerade das Hemd aus. Jede Menge Gekicher. Ein schöner Mann ist er ja, der Joe. Aber das reicht halt nicht. Ich habe vergessen, die Knöpfe aufzumachen. Die Anna greift nach dem Hemd. Ich werfe ihr einen giftigen Blick zu, sie zieht ihre Finger zurück. Ich muss jetzt, wegen der Knöpfe, auch die linke Hand benutzen. Und einfach hoffen, dass die Dosis nicht reicht, um mir ernstlich zu schaden. Der Joe streift das Hemd über. »Danke, mein Schatz!« Er will mich wieder küssen, aber ich kann ihm jetzt nicht zu nahe kommen. Wie viel Zeit haben wir noch? Zehn Minuten? Fünfzehn Minuten? Ich dränge. »Wir heiraten jetzt! Komm runter zum Steg!«

Er zieht die Träger seiner Lederhose wieder nach oben, ich ziehe ihn an der Hand zum Steg, allgemeines Gelächter. Hoffentlich hat er nicht an der Hand schon Giftspuren.

Wir setzen uns hin, der Standesbeamte steht auf und beginnt zu reden. Ich höre nichts von dem, was er sagt. Der tiefblaue See. Vögel zwitschern. Der Wind ist eingeschlafen. Gespiegelter Wald im Wasser, ohne die geringste Störung des Spiegelbilds. Der Standesbeamte redet. Wir sollen aufstehen. Ich sage Ja. Der Joe zuckt. Ich werfe einen Blick auf ihn. Er schwitzt. Er sagt Ja. Der Joe räuspert sich und kratzt sich an der Brust. Dann am Rücken. Wir setzen uns wieder hin. Ein Mann sagt ja nichts, wenn ihm was wehtut. Jetzt müsste er schon das sogenannte Ameisenlaufen spüren, das als eines der ersten Symptome von Eisenhutvergiftung auftritt. Man hat das Gefühl, als würden überall auf dem Körper Ameisen krabbeln. »Mir ist so kalt«, stöhnt der Joe. Er steht auf, starrt mich an, dreht sich um und sackt auf dem Steg zusammen.

Allgemeines Aufschreien. Ich beuge mich über ihn, ohne sein Hemd zu berühren. Ich schreie. »Joe!«, schreie ich, »Was ist?« Er stöhnt. Ich schreie lauter. »Helft ihm doch! Einen Arzt!« Ich weiß natürlich, dass weder in unserer Familie noch unter unseren Freunden ein Arzt ist. Das wird dauern, bis der Notarzt hier ankommt. Jetzt schreie nicht nur ich. Der Joe krampft und übergibt sich. Auf das Hemd, wie geplant. Es wird im Krankenhaus sofort entsorgt werden. Falls er es noch bis dorthin schafft.

Die Anna stürzt auf den Steg. »Joe!«, schreit sie. Ich muss verhindern, dass sie ihn anfasst, dass sie in Kontakt mit seinem Hemd kommt. »Lass meinen Joe in Ruhe!«, brülle ich. »Finger weg von ihm!« An meinen Blicken muss sie gemerkt haben, dass ich alles weiß. Sie bricht zusammen, heult in ihre vors Gesicht geschlagenen Hände.

Der Standesbeamte kommt auf mich zu. »Gnädige Frau …«, beginnt er. Ja. Ich bin die gnädige Frau. Jetzt bin ich verheiratet. Noch. Ich schlage, ebenso wie die Anna, die Hände vor das Gesicht.

Der Joe röchelt und krümmt sich. Er sollte bei vollem Bewusstsein sein und grauenhafte Schmerzen haben. Ich beuge mich über ihn. Ich will in seine Augen sehen. Meine Tränen tropfen in sein Gesicht. Er sieht mich an. Verzweifelt. Ich hoffe, er weiß, warum er sterben muss. Er stinkt.

Sirenen heulen, Männer und Frauen in orangen Anzügen stürzen auf den Steg, eine junge Frau zieht mich hoch und führt mich weg. »Kommen Sie«, sagt sie. »Ich bring Sie hier weg.«

»Defi!«, höre ich einen Sanitäter schreien. Es ist also schon so weit. Die Frau bringt mich zu einem Rettungswagen, ich lege mich auf eine Trage. Ich zittere und schluchze, ohne, dass ich ihr irgendwas vorspielen muss. »Nichts mehr zu machen«, höre ich einen Sanitäter sagen. Die Vorspeise, fällt mir ein, wäre jetzt servierbereit.

3

»Was hat Ihr Mann denn an diesem Tag getrunken oder gegessen?«

Dass sie ziemlich bald darauf kommen würden, dass der Joe an einer Eisenhutvergiftung, an dem Gift Aconitin, gestorben ist, das war mir klar. Ich zucke mit den Schultern. »Wissen Sie nicht, dass der Bräutigam die Braut vor der Hochzeit nicht sehen darf? Wir waren weder am Morgen noch in der Nacht zusammen.«

Der Chefinspektor kratzt sich am Kopf. »Sie haben also keine Ahnung, wer ihm den Eisenhut verabreicht haben könnte? Und wie?«

»Nein«, flüstere ich und breche in Tränen aus. Darin habe ich inzwischen Übung.

»Es tut mir ja Leid, Frau Perlmoser«, murmelt der Inspektor, während ich mir ein Papiertaschentuch gegen die Augen drücke und meinen Busen zum Beben bringe. Das verfehlt seinen Eindruck selten. Ja, ich bin jetzt Frau Perlmoser. Wenigstens ein hübscher Name. Vielleicht werde ich mein nächstes Lokal »PP« nennen. Paula Perlmoser. »Ich weiß nur, dass wir Sekt getrunken haben«, schluchze ich. »Und dann haben wir seinen Geburtstagswein aufgemacht.« Ich tupfe mir vorsichtig die blauen Spuren von den Wangen, die meine Tränen auf ihnen hinterlassen haben. »Und von dem Wein haben ja schließlich alle getrunken. Und vom Sekt auch.«

Der Inspektor nickt. »Das ist uns auch klar. Sagen Sie, mit wem war er denn an diesem Morgen zusammen?«

»Das habe ich Ihnen doch schon einmal gesagt!«, protestiere ich.

»Mir nicht«, lächelt der Inspektor und reicht mir ein neues Taschentuch. »Meiner Kollegin. Die die Ersteinvernahme durchgeführt hat.«

»Er war daheim, bei seinen Eltern.« Mir kommt eine Idee. »Aber da gibt es was, das ich Ihnen noch nicht erzählt habe«, stammle ich.

»Und das wäre?«

»Mein Mann hat vor der Ehe ein Verhältnis gehabt. Ich hab ihn in flagranti erwischt, und er hat mir hoch und heilig versprechen müssen, dass es mit der Anna aus ist, wenn …«

»Anna wer?«, fragt er.

»Anna Weiß«, flüstere ich. »Vielleicht hat er sich an dem Morgen noch einmal von ihr verabschiedet …«

»Die war doch bei der Hochzeit?« Der Inspektor zieht die Stirn in Falten. Ich nicke und zerdrücke ein paar weitere Tränen. Die Anna ein bisschen hinzuhängen, kann nicht schaden. Obwohl ich dadurch natürlich, in den Augen des Inspektors, ein Motiv für den Mord habe, kann ich es mir nicht verkneifen, sie ins Spiel zu bringen. »Sagen Sie, Herr Inspektor«, frage ich, »Was ist denn mit den Sachen von meinem Mann? Ich meine die, mit denen er ins Krankenhaus gekommen ist?«

Nun zuckt der Inspektor mit den Schultern. »Entsorgt, vermute ich. Sie wissen, bei Vergiftungen …« Er zögert. »Es waren … Körperflüssigkeiten vorhanden. Da ist man sehr vorsichtig, bei Vergiftungen.«

Er darf mein Aufatmen nicht bemerken. »Schade«, schluchze ich. »Ich hätte die Hochzeitssachen so gern gehabt … als Andenken.«

Der Inspektor klopft mir beruhigend auf die Schultern, und ich lehne mich ein wenig gegen ihn. Er ist ein recht attraktiver Mann. Zwar schon ein wenig älter, aber gerade die lieben es oft ein wenig molliger.

Er schiebt mich sanft von sich. Sehr sanft. Dann steht er auf. »Ja, ich muss jetzt … Wir werden uns wohl noch einmal sehen, hoffe ich.« Jetzt lächelt er.

»Auf Wiedersehen«, sage ich, und er winkt mir zu, bevor er die Tür schließt.

Vielleicht wäre das ein Mann für mich. Nach zwei solchen Pleiten hätte ich es mir wirklich verdient. Wenn ich daran denke … der Harald, vor dem Joe. Der war Gott sei

Dank schon auf dem Himalaya, als das Pilzgift seine Nieren zerstört hat. Es ist eben alles eine Frage des Timings.

FREIZEITTIPPS BEZIRK LIEZEN:

1 Tauplitz – Tauplitzalm-Alpenstraße: Die Alpenstraße führt über 860 Höhenmeter auf 1621 Meter Seehöhe. Herrliches Wandergebiet, vor allem für solche, die nicht unbedingt darauf erpicht sind, möglichst viele Höhenmeter zu erwandern. Im Winter ist die Tauplitz ein Paradies für Skifahrer.

2 Leistalm: Wunderbare Alm im hinteren, touristisch kaum erschlossenen Teil der Tauplitz. Im Sommer bewirtschaftet. Gehzeit vom Parkplatz: ca. 2 ½ Stunden.

3 Ödensee: Spazierengehen um den See herum (immer), baden im See (natürlich nur im Sommer), fischen, Rad fahren am Radwanderweg und einkehren in der Kohlröserlhütte.

Außerdem sehenswert:

4 Wörschachklamm: Eindrucksvolles Wandererlebnis durch eine enge Schlucht, die durch Steige und Stiegen leicht zu bezwingen ist, vorbei an Wasserfällen weiter zum Spechtensee oder zurück zur Burgruine Wolkenstein.

5 Skiflugschanze Kulm: Ein Erlebnis – auch ohne Schnee. Im Sommer gibt es einen Berglauf vom Auslauf zur Spitze des Anlaufturms – die härtesten 400 Laufmeter der Welt.

6 Alpengarten Bad Aussee: Von kundiger Hand sehr gepflegte Sammlung mit über 2.000 verschiedenen Pflanzen aus aller Welt, ein Muss für PflanzenliebhaberInnen.

7 Salzwelten Altaussee: Nicht nur bei Regenwetter ein spannendes Abenteuer für (fast) alle Generationen. Durch endlose Stollen, an deren Wänden pures Steinsalz glitzert, geht es vorbei an der Barbarakapelle, hinab über eine der beiden Bergmannsrutschen ins Herz des Berges zum eindrucksvollen unterirdischen Bergsee.

8 Seewiese – Altausseer See: Einer der schönsten Plätze der Welt am hinteren Ende des Altausseer Sees mit grandiosem Blick auf den Dachstein-Gletscher.

9 Salza Stausee bei Bad Mitterndorf: Eingebettet zwischen den Ausläufern des Grimmings und dem Kemetgebirge. Baden und Bootfahren vor wildromantischer Kulisse.

10 Pürgg: Gleich zwei Kirchen befinden sich in dem malerischen Örtchen, dem der Heimatdichter Peter Rosegger einst den Beinamen ›Steirisches Kripperl‹ verlieh. Die Pfarrkirche St. Georg beeindruckt mit fantastischen Fresken und verziertem Portal, die Johanneskapelle auf der Anhöhe mit Fresken aus dem 12. Jahrhundert.

11 Nationalpark Gesäuse: Dem Sausen und Brausen der Enns, die seit Jahrmillionen durch die Kalkalpen tost,

verdankt die Region der steilen Felsen und wilden Wasser ihren Namen. Seit 2002 ist ein großer Teil des ›Xeis‹ Nationalparks. Einzigartige Landschaft, Fauna und Flora für Naturliebhaber, Eldorado für Kletterer und Wildwassersportler.

12 Dachstein: Mit 2.995 Metern der höchste Berg der Steiermark, den diese sich mit Oberösterreich teilt. Paradies für Bergsteiger, Kletterer und Paragleiter. Ganz bequem lässt er sich von der steirischen Seite mit der Dachstein Südwandbahn bezwingen. Spektakulär: auf ›Skywalk‹, Hängebrücke und ›Treppe ins Nichts‹ über dem Abgrund schweben. Einkehren im Gletscherrestaurant. (Fast) Das ganze Jahr über: Skifahren, langlaufen und snowboarden am Gletscher.

HOCHSTEIERMARK – STEIRISCHE EISENSTRASSE (BEZIRK LEOBEN)

Das Versprechen

Lisa Lercher

Nebelschleier umtanzten Fichten und Lärchen, in den ersten Sonnenstrahlen glitzerte Tau. Die filigranen Tropfen hingen wie Schmuck an den Nadeln. Er hatte keinen Blick für die Pracht. Das Gezwitscher der Vögel brachte Leben in den dunklen Wald. Die Hiebe des Spechts gaben den Takt vor. Oder war es sein Herz, das bis zum Hals klopfte?

Die Kleidung hatte er abgelegt, ganz wie es ihm befohlen worden war. Das Hemd bauschte sich neben dem moosigen Stamm. Als er die Hose vom Bein gezogen hatte, war er hingefallen. In ihr Lachen hatte er wehrlos eingestimmt, sich den letzten Rest des Nussernen in die Kehle drängen lassen. Er kicherte betrunken, als sich die Schlinge um seine Knöchel wand. Erst als der Strick über den Ast ruckte und ihn dabei in die Höhe zog, begann er zu schreien – bis die Unterhose in seinem Mund die Rebellion erstickte. Indessen war das kleine Waldvolk unter ihm mit einem Stock in Aufruhr versetzt worden. Seine Augen weiteten sich, als er das Brennen der Ameisensäure in seiner Nase spürte.

*

Hat mich das Alter milde gemacht? Warum sonst sollte mir dieser Ort nun idyllisch erscheinen? Vielleicht liegt es an den bunten Fassaden, die sich um Marktbrunnen und Pestsäule scharen? Das alte Rathaus leuchtet in sonnigem Gelb und beherbergt den Gemeindearzt samt seiner Praxis. Selbst die Pfarrkirche, dem Heiligen Nikolaus geweiht, zeigt sich runderneuert. Grün behelmt glänzt ihr Turm in der Sonne. Ein Stück entfernt sticht die Spitze der Klosterkirche zur Heiligen Barbara in den Himmel. Wo einst eine theologisch-philosophische Hochschule gelehrte Kirchenmänner hervorbrachte, haben längst Gemeindeverwaltung und Postpartner das Zepter übernommen. Auch die schwarzberockten Patres, die seinerzeit zum Ortsbild gehörten und von denen meine Großmutter oft erzählt hat, sind Vergangenheit, wie fast alles, was mich noch mit Mautern 13 verbindet.

Natürlich beäugt man mich neugierig – so wie jeden vermeintlich Fremden, der sich in eine der kleinen Ortschaften im Liesingtal verirrt. Seit sich die umliegenden Gemeinden aber gemeinsam um Feriengäste bemühen, Wanderwege ausbauen und die kulturellen Angebote geschickt bewerben, finden sich immer mehr Erholungsuchende auf den Spuren der Geheimtipps, sodass ich mir keine Sorgen mache, aufzufallen.

Auch wenn der schmucke Ort auf den ersten Blick gefällt – ich weiß, wie es hinter den Kulissen aussieht. Außenseiter, wie wir es waren, werden immer verachtet. Daran ändert auch ein Generationenwechsel nichts. Außerdem sind einige der Alten immer noch da und durchdringen mit ihrer Autorität den Humus der bäuerlich geprägten Gemeinschaft wie das Wurzelgespinst von Knollenblätterpilzen.

Der Friedhof liegt hinter Schloss Ehrnau. Die Grafen Breuner bewohnen es schon seit Jahrhunderten nicht mehr, auch wenn ihr Wirken allgegenwärtig scheint, ihr Wappen etliche Bauwerke ziert. Als ich ein Kind war, wurde das Schloss als Altersheim genutzt – Siechenheim – wie meine Großmutter sagte, und es war klar, dass hier die Armen und Kranken, um die sich keine Angehörigen kümmerten, ihre letzten Jahre verbrachten. Zur Diskothek umgebaut, hat das Schloss den Ortskaisern nur Verluste beschert. Jetzt steht das Gebäude leer und wartet auf die Restaurierung durch den neuen Besitzer.

Die verwitterte Holzbank neben dem Zugbrunnen vor dem Friedhofstor lädt zur Rast ein. Gegenüber begrenzt ein Berghang die Aussicht. Im Osten ragen die beiden Kirchtürme von Mautern aus dem Grün der Alleebäume, die die schmale Zufahrtstraße zum Schloss säumen. Die Wiese ist frisch gemäht. Es riecht nach welkem Gras und Holunderblüten. Helle Holzkreuze stehen Spalier, über billigen Namensschildern hängt ein bleicher Christus. Im Tod sind wir alle gleich, denke ich – zumindest auf einem Armenfriedhof.

Meine Mutter ruht am äußersten Ende, dort, wo das Gestrüpp nach den Gräbern greift. Eine Heckenrose markiert die Stelle. Sonst erinnert nichts mehr an sie.

Dass sie hier ihren Platz gefunden hat, verdankt sie den flehentlichen Bitten meiner tiefgläubigen Großmutter und der Fürsprache Pater Corbinians. Eine Grabstätte auf dem Ortsfriedhof hätten wir uns ohnehin nicht leisten können. Für das Armenbegräbnis war die Gemeinde aufgekommen.

Außerdem duldete der Pfarrer keine Selbstmörder in der geweihten Erde seines Gottesackers. Hier konnte er verständnisvoll Nachsicht zeigen. In der Einöde, unter Ausgestoßenen, Vergessenen und Verlassenen würde selbst eine wie sie niemanden stören.

Ich war im letzten halben Jahr einige Male hier. Bis jetzt habe ich erfolgreich der Versuchung widerstanden, eine Kerze unter die Hagebutten zu stellen. Sichtbare Zeichen könnten Verdacht erwecken. Das Bild meiner Mutter bewahre ich ohnehin im Herzen. Das Gelübde erneuere ich bei jedem Besuch – leise murmelnd. Ich muss keine Angst haben, dass jemand die Worte hört. Das Rauschen der Fahrzeuge auf der Autobahn hinter den Bahngeleisen, die am Friedhof vorbeiführen, schluckt jeden meiner Laute.

Im Spätherbst 1980 wurde das Landesaltenpflegeheim, das nach der Schließung von Schloss Ehrnau neue Betreuungsstätte und Heimat der Alten und Behinderten wurde, eröffnet. Deutlich älter als die Anstalt ist der Troadkasten gleich in der Nähe.

Wie erhofft, haben sie ihn in den Garten des Heims geschoben. Schon zwei Mal bin ich unverrichteter Dinge wieder abgezogen, doch heute habe ich Glück. Der alte Gerstner dämmert in seinem Rollstuhl vor sich hin. Seine graue Strickweste mit den Lederflicken an den Ellenbogen ist aufgeknöpft, das Hemd darunter fleckig. Ein Drahtzaun grenzt das Areal von der Bundesstraße ab. Dass seine Demenz die Erinnerung und jedes Schuldbewusstsein weggewischt hat, weiß ich inzwischen. Einen Grund für Gnade sehe ich darin nicht. Während ich mein selbstgebasteltes Störgerät auspacke und an der Stange fixiere, streift mich der Gedanke, ob ein rascher Tod nicht vielleicht doch zu viel Entgegenkommen ist. Ich zögere einen Moment, atme dann tief durch. Sein Körper zuckt wie eine schlecht geführte Marionette, als die Magnetwellen seinen Herzschrittmacher aus dem Takt bringen. Es dauert ein paar Augenblicke, bis er endlich zur Seite sackt.

Ich werfe einen Blick rundum. Wir sind immer noch allein. Ein Toter mehr an der einst so berüchtigten Bundesstraße 113, denke ich. Das stimmt nicht ganz, denn seit die Pyhrnautobahn gebaut worden ist, hat die ehemalige Gastarbeiterroute ihren Schrecken verloren. Die zahlreichen Unfallopfer und das Gebetshaus, das man neben dem Steinbruch eingerichtet hatte, um übermüdete Fahrer zu einer Pause zu bewegen, geraten langsam in Vergessenheit. So wie vieles, das sich zugetragen hat. Doch meine Erinnerung ist glasklar und schmerzt, wenn ich ihr zu viel Raum gebe. Deshalb ziehe ich diesen Schlussstrich und auch, weil ich selber endlich zur Ruhe kommen will.

Ich habe nur noch wenige Vorlesungen zu halten. Die Zeit meiner Gastprofessur an der Montanuniversität in Leoben [14] ist wie im Flug vergangen. Wer hätte gedacht, dass ich es jemals so weit bringen würde? Man mich als anerkannten Experten aus Lateinamerika einladen würde? Meine Großmutter vielleicht. Sie hat immer an mich geglaubt. Doch sie war längst gestorben, als ich endlich mein neues Leben begann. Wahrscheinlich wäre alles anders gekommen, wenn ich nach dem Selbstmord der Mutter bei ihr hätte bleiben können. Stattdessen hat man mich erst zu Pflegeeltern, später in ein Heim gesteckt. Für viele meiner Schicksalsgenossen waren damit die Weichen gestellt. Auch mir traute man nicht viel mehr zu als eine Karriere als Hilfsarbeiter, Drogenabhängiger oder Krimineller. Es kümmerte niemanden, als ich mit kleinem Gepäck Richtung Norden verschwand und bald darauf auf einem Frachtschiff anheuerte. Ich liebte die raue Seeluft, die mir um die Nase wehte, und wusste, dass hinter dem Horizont eine bessere Zukunft auf mich wartete.

Der Tote im Altersheim wird mit keinem Wort in den Nachrichten erwähnt. Eigentlich könnte ich es nun gut sein lassen. Immerhin hat er die meiste Verantwortung getragen, hätte einschreiten, die anderen zur Vernunft bringen müssen. Doch etwas in mir wehrt sich. Bald werde ich wieder daheim sein, jenseits des großen Ozeans. Eine weitere Gelegenheit wird sich nicht finden, wahrscheinlich nie mehr.

Ich ziehe das Foto aus meinem Koffer. Es liegt versteckt zwischen den Seiten eines Fachbuchs. Die Familie darauf sieht glücklich aus. Wie sich das angefühlt hat, spüre ich nicht. Meine Mutter trägt ihr Festtagsdirndl und hat den Blick vertrauensvoll auf mich gerichtet. »Ja Mama, ich weiß«, sage ich zu dem Foto. »Sie werden büßen, so wie ich es dir versprochen habe.«

Meine Gedanken schweifen zum Wildpark, wo ich mit der Suche nach ihm, dem zweiten der drei Falotten, begonnen hatte. Statt über die Forstwege und durch den Wald hinauf bis zu den Gehegen zu wandern, hatte ich mich für die bequemere Variante, den Sessellift, entschieden. Bei der Talstation gibt es seit ein paar Jahren einen Vergnügungspark – Abenteuerwelt Mautern 15 nennen sie das Gelände jetzt. Auch die Sommerrodelbahn habe ich zum ersten Mal gesehen, obwohl sie schon seit Jahrzehnten in Betrieb ist, irgendwann sogar verlängert worden ist.

Der Wildpark bei der Bergstation ist schon in meiner Kindheit eine Attraktion gewesen, ein beliebtes Ausflugsziel für Tierliebhaber aus der ganzen Umgebung. Neben Rotwild, Auerochsen und Wildschweinen gibt es nun auch einen Streichelzoo. Mich haben mehr die Bären und Wölfe interessiert. Ich hab mir vorgestellt, wie es wäre, Lois auf das Gelände zu locken, damit ihn die Bestien jagten. Auge um Auge, Zahn um Zahn!

Doch wie sollte ich meine blutrünstige Fantasie in die Tat umsetzen, ohne mich dabei selbst zu verraten? Ich brauchte einen Plan, einen, der reibungslos funktionierte. Grübelnd fuhr ich in mein Quartier nach Leoben zurück. Auf dem Weg gönnte ich mir ein kühles Blondes im Gösser Bräu, gleich in der Nähe der Stiftsbrauerei mit dem Braumuseum 16, das ich an einem verregneten Samstag, gleich zu Beginn meines Gastsemesters, besucht hatte. Man kann sagen, was man will – es geht nichts über steirisches Wasser, Hopfen und Malz. Beim zweiten Krügel hatte ich dann endlich den erhofften Geistesblitz.

Ich habe meinen Leihwagen bei der Kirche in Kammern geparkt. Hinter der Siedlung steigt der Forstweg sanft an. Eine Abzweigung weist auf den Marterlweg 17 hin. Mehr als 40 Marterl, Bildstöcke und Kapellen könnte ich auf vier verschiedenen Routen besuchen und dort für den Erfolg meiner Mission beten. Doch auf Gott ist kein Verlass – hätte er sonst zugelassen, was mir geschehen ist? Außerdem habe ich mich längst für die andere Route entschieden – den Rittersteig 18. Er führt an Kammerstein und Ehrenfels vorbei und weckt allerhand Kindheitserinnerungen. Der Vater hat mich oft hierher mitgenommen. Die Erkundungsgänge durch die baufälligen Ruinen haben mich begeistert. Manchmal hat mich der Vater, während er seine Geschäfte im Wald besorgt hat, in den alten Gemäuern zurückgelassen. Gefürchtet habe ich mich nie, höchstens bedauert, dass das Geschlecht der Raubritter ausgestorben ist. Wie gern wäre ich einer von ihnen gewesen.

Sein Gehöft liegt nicht weit vom Steig entfernt. Mittwochs ist er meistens allein, wie ich herausgefunden habe. Dann bringt seine Tochter seine Frau zur Therapie. Der Schwiegersohn arbeitet auswärts und kommt selten vor dem späteren Abend heim. Die Voraussetzungen sind somit denkbar gut.

Ich werde ihn in die Jauchengrube hinterm Haus stoßen. Eine gerechtere Strafe gibt es nicht. Erde zu Erde, Staub zu Staub – das gilt im übertragenen Sinn bestimmt auch für Scheiße, denke ich zufrieden und bin sicher, dass alles klappt. Als Kind hatte ich längst nicht so viel Selbstvertrauen. Heute ist das anders. Ich kenne die Welt und die Menschen. Da ist selten etwas, das mich noch überrascht.

Nachdem ich die Ruine Ehrenfels passiert habe, wird der Weg steiler. Serpentinen führen zu einer Halbhöhle mit Marienbildern und Statuetten. Wie viele Wünsche und Sorgen hier wohl schon deponiert worden sind? Ich halte inne und denke an mein Vorhaben. Die Zuversicht, die mich erfüllt, erstaunt mich selbst ein wenig. Mir zu Füßen liegt hinter dem jäh abfallenden Hang das Tal. Wie ein blaues Band schlängelt sich die Liesing neben der Autobahn her. Bis jetzt bin ich niemandem begegnet, doch nun knirschen Schritte auf dem kantigen Schotter. Für einen Augenblick stockt mir der Atem. Er ist es – ohne Zweifel! Trägt, wie früher, seine Krachlederne und das karierte Hemd. Im Gegensatz zu mir hat er offenbar keine Ahnung, wer da beinahe vor ihm steht. Er taxiert mich abschätzig, mustert mich mit seinem grauen Haifischblick.

Für langes Abwägen bleibt keine Zeit. Als er ganz auf meiner Höhe ist, reiße ich mit Schwung die Arme hoch. Überraschung spiegelt sich in seinem Gesicht, bevor er lautlos in den Abgrund kippt. Ich höre den Aufprall, mehrfach, dann ist es still – fast. Denn das Rauschen der Autos auf der Pyhrnautobahn gönnt sich keine Pause.

Dass es so leicht sein würde, habe ich nicht erwartet. Im Vergleich zu meinem ersten Opfer, war er deutlich vitaler. Obwohl ich froh bin, der Einlösung meines Versprechens einen weiteren Schritt näher zu sein, bedauere ich es doch, dass auch er ahnungslos starb. Eigentlich hatte ich alle drei mit ihrer Tat konfrontieren wollen – vielleicht erhoffte ich mir, dass sie zumindest einen Anflug von schlechtem Gewissen zeigten. Aber das hätte vermutlich alles nur schwieriger gemacht. Oder besaß ich das Herz, einen reuigen Sünder zu töten? Die schweißnasse Stirn und die zitternden Knie, mit denen ich mich an den Felsen lehne, sprechen dagegen. Ich werde doch nicht etwa schwach werden oder gar sentimental?

Jetzt ist nur noch einer von ihnen übrig. Er hat Mautern nach seiner Pensionierung verlassen. Ich werde ihn besuchen, bevor ich endgültig in meine neue Heimat zurückkehre.

Auf den ersten Blick könnte man die Justizanstalt Leoben für ein Hotel halten. Ich passiere das Gefängnis jedes Mal, wenn ich auf die Autobahn auffahre. Wäre ich abergläubisch, müsste ich darin ein Zeichen sehen. Dass ein Bauer aus Mautern seit zwei Tagen vermisst wird, habe ich in den Landesnachrichten gesehen. Ich bin sicher, dass man seinen Tod für einen Unfall halten wird. Auf meine Anwesenheit am Rittersteig deutet bestimmt nichts hin, selbst wenn – der gestrige Regen hat längst alle Spuren verwaschen. Außerdem – wer sollte einen Zusammenhang zwischen mir und den beiden Toten herstellen? Trotzdem bin ich angespannt. Um mich abzulenken, pfeife ich das Thema aus »Spiel mir das Lied vom Tod« und zweige auf die Steirische Eisenstraße 19 Richtung Trofaiach ab.

Je näher ich Vordernberg 20 komme, desto enger wird es mir in der Brust. Das liegt nicht nur an den Eisenerzer Alpen, die einen am Fuß des Präbichls 21 zu umarmen scheinen, sondern vor allem an meinen Erinnerungen an die Pflegeeltern, bei denen ich nach dem Selbstmord der Mutter untergebracht war. Bei meiner Großmutter wollte mich die Fürsorgerin auf keinen Fall lassen, denn was sollte aus mir in der Obhut einer Quartalsäuferin werden? Die z'wideren Kleinhäusler, denen es vor allem ums Geld für die Pflegekinder ging, hielt sie für die bessere Wahl. Sie hat sich getäuscht – gründlich.

Dass in Vordernberg nun ein Schubhaftzentrum errichtet wurde, erscheint mir als Ironie des Schicksals. Viel schlimmer als bei den Pflegeeltern wird es dort vermutlich auch nicht sein, denke ich, als ich die Ortseinfahrt passiere und das Tempo drossle.

Die alte Passstraße war deutlich mehr Herausforderung, ertappe ich mich wieder bei einem Vergleich. Dabei war früher wirklich nicht alles besser, wie viele der Alten gern behaupten. Als Kind war ich öfter zum Schifahren auf dem Polster. Ich halte auf der Passhöhe, um einen Blick auf Eisenerz 22 zu werfen. Die kleine Stadt liegt friedlich im Talkessel. Der Erzberg 23 mit seinen mächtigen Stufen hat nichts von seiner Faszination verloren. Ein Stück weiter unten scheint die Sonne auf das Hüttendorf Präbichl, wo sich bald wieder Urlauber entspannen werden. Ich würde gern noch eine Weile in der Sonne sitzen bleiben – vielleicht auch, um das Unvermeidliche noch ein wenig hinauszuschieben. Doch die Zeit drängt. Bis zum Einbruch der Dämmerung will ich zurück in meinem Quartier sein. Ein Spaziergang an der Mur wird sich wahrscheinlich nicht mehr ausgehen. Aber das Café beim Schwammerlturm hat bestimmt noch offen. Dort werde ich den Tag mit einem kühlen Gösser, steirischem Sterz und einer Schwammsuppe ausklingen lassen. Die Schweißtropfen, die sich auf meiner Stirn gesammelt haben, wische ich mit dem Handrücken weg.

Der Wassermann, der den Eisenerzern ihren Berg – diesen steirischen Brotlaib – bescherte, soll unweit des Leopoldsteinersees 24 gehaust haben – das behauptet die Sage.

Auch *er* lebt dort, etwa zwei Gehstunden von der Seemauer entfernt, in einer Almhütte. Ich habe meine Wanderschuhe dabei und schnalle den Rucksack um.

Das Blockhaus duckt sich in eine Mulde. Das Hüttendach sehe ich zuerst. Ich bleibe hinter einem Stamm am Waldrand stehen und spähe auf den sonnenbeschienenen Platz hinunter. Als er aus der Hütte kommt und zum Brunnen geht, kneife ich die Augen zusammen. Ich bin mir nicht sicher, ob er es wirklich ist. Aber wer sollte dieses gebeugte Männlein in Lederhosen und mit grünen Stutzen, das auf die Entfernung ein wenig gebrechlich wirkt, sonst sein außer dem Brandtner Michl?

Mein Plan ist simpel. Ich werde mich als Wanderer ausgeben, ein Gespräch beginnen und um Wasser bitten. Der

Pen ist unverdächtig. Wenn er dem alten Brandtner auffällt, kann ich immer noch behaupten, zuckerkrank zu sein. Dass der Pen anstelle des Insulins Gift in den Körper einbringt, wird Michl erst später merken, dann, wenn ihn der Wirkstoff lähmt, ihm seine Gliedmaßen nicht mehr gehorchen. Sein Bewusstsein bleibt dabei ungetrübt – Curare ist ein teuflisches Zeug. Bevor er langsam erstickt, wird genug Zeit sein, ihm meine Geschichte zu erzählen. Ich werde erst ungläubiges Staunen, dann langsames Begreifen, schließlich unbeschreibliches Grauen und zuletzt Todesangst in seinen Augen sehen. Ob ich dann endlich Frieden finde?

Die Leiche werde ich zum Latschenstrauch neben das Plumpsklo legen. Es wird aussehen, als wäre er an einem Schlaganfall oder Herzinfarkt gestorben. Wer weiß, ob sie ihn in seinem Alter überhaupt obduzieren? Insekten und Waldtiere werden den Verwesungsprozess beschleunigen. Im Grunde kann eigentlich nichts schiefgehen. Trotzdem wäre es mir lieber, wenn ich es schon hinter mir hätte. Ein Schluck Vogelbeerschnaps aus der kleinen Flasche, die ich vorsorglich mitgenommen habe, soll die Trockenheit aus meiner Kehle vertreiben.

Obwohl der alte Brandtner freundlich und hilfsbereit ist, entgeht mir der eigenartige Blick, den er mir zuwirft, nicht. Ich glaube nicht, dass er mich erkannt hat. Trotzdem bin ich auf der Hut. Er ist mir voran in die Hütte geschlurft und gleich darauf unter einem Vorwand noch einmal nach draußen verschwunden. Ich hole den Pen aus meinem Rucksack und schiebe ihn in meinen Hemdsärmel, dann schaue ich mich um. Der kleine Raum ist spärlich möbliert. Die Kredenz und der Tisch sind aus Zirbenholz so wie die Bank an der Wand und die zwei Sessel. An einem Nagel an der Tür hängt ein abgetragener Lodenjanker. Eine blecherne Milchkanne steht auf dem Fensterbrett. Michls Schlafstätte muss nebenan sein.

Die Kochstelle mit der Propangasflasche bringt mich auf eine Idee. Mit den Sonnenstrahlen, einem Spiegel und etwas Heu …? Mein Gehirn arbeitet fieberhaft. Eine Gasexplosion wäre ein würdiges Finale. Rasch springe ich auf, werfe einen Blick aus dem Fenster, um mich zu vergewissern, dass mich der Alte nicht überrascht, und drehe probehalber am Ventil, bis es leise zischt.

Ein unerwartetes Poltern und Rumoren lässt mich herumfahren.

»Na, wen hamma denn da?«

Mein Gesichtsausdruck sagt vermutlich mehr als 1000 Worte. Gibt es eine vorzeitige Auferstehung von den Toten?

»Da schaust, gell?« Sein Gesichtsausdruck ist grimmig, der Gewehrlauf auf meine Brust gerichtet. »Dämmert's?«

Mein Körper ist schneller als die Gedanken, die, statt sich zu ordentlichen Mustern zu fügen, hektisch durch die Ganglien flitzen. Die Schweißflecken unter meinen Achseln werden größer. Ich habe einen furchtbaren Fehler gemacht, wird mir endlich klar. Vor mir steht Lois, der vermisste Bauer Alois K. aus Mautern. Nun, wo ich den Vergleich habe, muss ich zugeben, dass er deutlich älter aussieht als der Mann, den ich über die Steilwand am Rittersteig gestoßen habe. Trotzdem ist die Ähnlichkeit verblüffend. »Wer …?«, holpert über meine trockenen Lippen.

»Wer, will er wissen!« Der alte Brandtner kichert zahnlos und deutet mit seinem gichtigen Zeigefinger auf mich.

»So san sie, die G'studierten.« Er kichert erneut. »Deppat wia a Stückl Lärchenhuiz, aber …!«

»Mein Ältester, der Fritz«, unterbricht ihn Lois. Aus seinem Tonfall höre ich eine Prise Trauer, ziemlich viel Wut und eine ordentliche Portion Hass. Nun erinnere ich mich auch dunkel an seinen Fritz, der schon in meinen Kindertagen beinahe erwachsen gewesen war. Es sieht nicht gut für mich aus. Und ich habe einen Unschuldigen auf dem Gewissen. Was haben die zwei jetzt mit mir vor? Außerdem, wie kommen sie darauf, dass ich ein G'studierter bin?

»Zuerst hab ich's ja gar nicht glauben wollen«, beginnt Lois. »Die Sache ist schon so lange her, eigentlich gar nimmer wahr.«

»Für dich vielleicht«, widerspreche ich. »Woher hast du gewusst, dass ich …?«

Lois hat sich an die Hüttentür gelehnt, die Flinte ist nach wie vor auf mich gerichtet. »Mein Enkel hat dich gesehen, vom Auto aus, auf dem Mauterner Hauptplatz. Er war ganz begeistert von deinem Kurs und hat mir erzählt, dass du steirische Wurzeln hast. Wir haben uns gewundert, was du da bei uns wohl suchst. Hätten wir es nicht so eilig gehabt, wären wir wahrscheinlich sogar stehen geblieben.«

»Dein Enkel?«

»Der Roman studiert auf der Montanuni in Leoben«, sagt Lois ungehalten. »Außerdem glaubst du doch nicht, dass es in so einem kleinen Ort niemandem auffällt, wenn ein Fremder …«, er lacht höhnisch auf, »auf einem Armenfriedhof ein Hetschepetschgstauder anstiert, als ob er auf ein Wunder wartet. Der Seppl hat dich gesehen und es uns am Stammtisch erzählt.«

Ich mache einen kleinen Schritt nach vor.

»Bleib stehen, oder es kracht gleich«, herrscht mich Lois an, bevor er fortsetzt: »Und wie dann der Erich im Altersheimgarten so plötzlich gestorben ist, hab ich gewusst, dass sich da was tut. Aber wieso der Fritz? Der hat doch wirklich nichts dafürkönnen?«

Ich zucke mit den Achseln. »Pech«, sage ich lapidar. Jetzt ist ohnehin schon alles egal.

»Bist deppat?«, platzt der alte Brandtner heraus und zückt drohend seinen Feitl. »So ein Oaschloch! Geh, Loisl, tua weiter, sunst stich i eam o.«

»Ihr wollts mich umbringen? Wie meinen Vater? Und die Leiche dann in einen Ameisenhaufen legen, bis nur mehr die blanken Knochen übrig sind?« Das Zittern in meiner Stimme ist unüberhörbar. So habe ich mir das nicht vorgestellt.

»Des war ein Unfall, eine Blödheit, eine b'soffene G'schicht. Es hätt ihm ja nur eine Lehre sein sollen, damit er das Wild in meinem Revier in Ruhe lässt«, sagt Lois.

»Das habe ich anders in Erinnerung.« Die Schreie meines gepeinigten Vaters, in die sich grölendes Lachen mischt, haben mich noch Jahre im Traum verfolgt. Und warum haben Erich, Lois und Michl seinerzeit abgestritten, überhaupt etwas mit der Geschichte zu tun zu haben und sich gegenseitig Alibis gegeben? »Zwei von euch waren damals im Gemeinderat, und du, Lois, warst ein hohes Tier bei der Forstverwaltung. Da hat niemand so genau hingeschaut und wissen wollen, warum mein Vater ohne Gewand tot in einem Ameisenhaufen gelegen ist.«

»Hoit di Gosch'n«, sagt Michl barsch.

»Dich holt die Gendarmerie. Glaubst wirklich, wir machen uns an einem wie dir die Finger dreckig?« Lois wischt sich mit dem Handrücken über die Nase. »Michl, tu das Messer weg und ruf die Schantis an!«

Der alte Brandtner schüttelt unwirsch den Kopf. »Wieso daschiaßt den Sauhund ned?«

»Michl, tu, was ich sag!«

Der alte Brandtner klappt endlich seinen Feitl zusammen und schiebt ihn demonstrativ langsam in seine Joppentasche. Dann zieht er ein abgegriffenes Etui heraus. Geschickt rollt er sich eine Zigarette. Als er zu den Zündhölzern greift, registriere ich den Gasgeruch in meiner Nase. Während ich noch überlege, ob ich die beiden Alten darauf hinweisen soll, reißt der alte Brandtner das Streichholz an.

*

In den regionalen Nachrichten wurde ein paar Tage später über die Explosion einer Almhütte im Hochschwabgebiet in der Nähe von Eisenerz berichtet. Ein Wanderer hatte das abgebrannte Blockhaus zufällig entdeckt. Die Identität der Toten war noch nicht geklärt. Bei einem von ihnen handelte es sich wahrscheinlich um den Hüttenbesitzer, Michael B., wie ein Polizeisprecher mutmaßte. Als Ursache für das Unglück wurde eine defekte Propangasflasche vermutet.

Über den Professor aus Kolumbien fand sich nichts in der Zeitung. Seine Zimmerwirtin wunderte sich zwar, warum er seinen Koffer nicht mitgenommen hatte. Nachdem sämtliche Rechnungen aber bezahlt waren, stellte sie das Gepäckstück in den Keller. Vielleicht meldete sich der kauzige Hochschullehrer ja noch?

13 Ortsrundgang Mautern: Sehenswert sind der Marktplatz mit dem Marktbrunnen, die Pestsäule, der Pranger, das alte Rathaus, die Pfarrkirche zum Heiligen Nikolaus mit dem ›wundertätigen Kreuz‹, die Klosterkirche zur Heiligen Barbara und das Heimatmuseum ›Troadkasten‹.

14 Leoben und der Schwammerlturm: Angelockt von der Montanuniversität, der einzigen Hochschule für Berg- und Hüttenwesen in Österreich, prägen junge Leute aus aller Welt das Bild der Bezirkshauptstadt. Ambitionierte Szene für Kulturinteressierte. Der Schwammerlturm, das letzte erhaltene Stadttor des mittelalterlichen Leoben, gilt als Wahrzeichen der Stadt, in luftiger Höhe: das Café am Schwammerlturm.

15 Abenteuerwelt Mautern: Freizeitpark mit 250 heimischen Tierarten, dem größten Bärengehege Europas, Kinder-Erlebnisbauernhof, Streichelzoo und Greifvogelflugschau. Abseits der Tiere: Sommerrodelbahn, Bikepark für mutige Downhiller und Rollerbahn, die talabwärts mit Bergflitzern bezwungen werden kann.

16 Braumuseum Göss – Gösseum: Modernste Brauerei des Landes, deren Wurzeln mehr als 1000 Jahre zurückreichen. Schon im ehemaligen Nonnenstift Göss wurde Bier gebraut. Alles über die Gösser Bierkultur erfährt man im Gösseum. Krönender Abschluss: ein Imbiss mit frisch gezapftem Bier.

17 Marterlweg in Kammern: Vier Routen mit jeweils zwischen elf und 14 Kilometern Länge führen an 48 Marterln, Kapellen und Bildstöcken vorbei. Gesamtlänge der Routen: knapp 50 Kilometer.

18 Rittersteig: Wanderweg zwischen Mautern und Kammern, zwei Burgruinen und zahlreiche wunderbare Ausblicke über das Liesingtal. Gehzeit: etwa drei Stunden, keine Einkehrmöglichkeit. Stellenweise schmaler, steiler Weg, der Trittsicherheit erfordert. Wanderstöcke sind hilfreich.

19 Steirische Eisenstraße – Museumsverbund: Zusammenschluss der Museen an der Steirischen Eisenstraße. Derzeit 15 Museen mit unterschiedlichen Schwerpunkten rund um das Thema Eisenerz, wie der Museumshof Kammern mit altem Bauernhaus, Scheune und angrenzendem Kultur- und Begegnungszentrum.

20 Vordernberg: Geballte Industriegeschichte im historischen Radwerk IV – einziger noch voll ausgestatteter Holzkohlenhochofen weltweit an einem der einst bedeutendsten Industrieorte Mitteleuropas. Erzherzog Johann war hier Radmeister und lebte mit Anna Plochl im ›Meranhaus‹. Die Erzbergbahn, früher Industriebahn, befährt nun als Museumsbahn die historische Strecke von Vordernberg über den Präbichl zum Bahnhof Eisenerz. Fantastische Ausblicke auf der Fahrt über gemauerte Viadukte und durch Tunnel.

21 Präbichl: Gebirgspass, der Vordernberg und Eisenerz trennt. Schönster Blick auf den Erzberg vom Parkplatz aus. Mit dem Polstersessellift geht's auf fast 2.000 Meter Seehöhe – perfekter Einstieg in die Naturerlebniswelt rund um den Präbichl. Zahlreiche markierte Wanderwege unterschiedlicher Schwierigkeitsgrade, im Winter Schigebiet mit 20 Pistenkilometern.

22 Eisenerz: Geschichtsträchtige Bergbaustadt, eingebettet in die markante Gebirgslandschaft der Eisenerzer Alpen, sehenswerte Altstadt: Altes Rathaus mit Sgraffitoschmuck, ›Kontinentehaus‹ mit Reliefs der vier (damals bekannten) Kontinente, Radmeisterhäuser mit Arkadenhöfen, Bergmannsplatz mit Brunnen und Brunnenfigur in original maximilianischer Bergmannstracht und (oberhalb der Stadt) die größte Wehrkirche Österreichs ›St. Oswald‹. Über Serpentinen geht es von der Altstadt aus oder über einen Kreuzweg auf den Schichtturm aus der Renaissancezeit – bester Blick auf die Stadt und den Erzberg.

23 Erzberg: Herzstück der etwa 100 Kilometer langen Steirischen Eisenstraße. Erzabbau zumindest seit dem 11. Jahrhundert. Wegen seiner Form ›Steirische Pyramide‹ genannt, wegen seiner wirtschaftlichen Bedeutung auch ›Steirischer Brotlaib‹. ›Abenteuer Erzberg‹: geführte Touren in die untertägige Arbeitswelt der Knappen, Hauly-Fahrten (Schwerlastkraftwagen) über die Etagen des Berges, live Schausprengungen.

24 Leopoldsteinersee: Gebirgssee inmitten idyllischer Waldlandschaft am Fuß der Seemauer. Das beliebte Ausflugsziel lässt sich bei einem Rundgang oder mit Elektro- und Ruderboden erkunden. Wer den nahen Klettersteig bezwingt, kann den See von oben bestaunen. An heißen Sommertagen erfrischende Abkühlung im See, im Winter Eislaufen und Eisstockschießen auf dem See. Regionale Schmankerln im SeesStüberl am Ostufer.

GRAZ

Wie lange noch?

Ilona Mayer-Zach

»Dieser ständige Druck!« Jakob Moser presste die Hand aufs Herz. Iris sagte nichts dazu. Stattdessen stellte sie sich ans Fenster und schaute auf den Turm der Franziskanerkirche 25. An diesen Ort der Ruhe und Kraft zog sie sich zuweilen zurück, wenn ihr die hypochondrischen Attacken ihres Mannes zu anstrengend wurden. Die Uhr zeigte eine Minute vor zwölf, gleich würde die dunkel klingende Glocke läuten.

»Iris, hast du gehört, was ich gerade gesagt habe? Ich sollte dringend zum Arzt.«

Die Kirchenglocke begann in ohrenbetäubender Lautstärke zu schlagen. Iris schloss das Fenster. »Aber sicher doch, mein Liebling«, beruhigte sie Jakob. Es war immer das Gleiche, wenn ihr Mann eine Entdeckung machte, die seinen unmittelbar bevorstehenden Tod ankündigte. Doch nach jeder Untersuchung verkündete der Hausarzt mit breitem Grinsen: »Herr Moser, machen Sie sich keine Sorgen. Wenn alle solche Werte hätten wie Sie, müsste ich meine Ordination zusperren.«

Die ersten Male hatte Iris ihn noch zum Arzt begleitet. Mittlerweile ließ sie es bleiben, weil sich alle Befürchtungen Jakobs stets als Bagatellen herausstellten. Leider hatte es auch nichts genutzt, dass sie den Pschyrembel entsorgt hatte, dieses medizinische Nachschlagewerk, bei dem ein Blick auf die abgebildeten Krankheitssymptome genügte, um selbst Nicht-Hypochondern Sterbensängste einzujagen. Jakob hatte sich die Online-Ausgabe besorgt, mit regelmäßigen Updates.

»Da, schau her: Überall habe ich plötzlich so einen Hautausschlag.« Er öffnete sein Hemd. Iris schaute nur flüchtig hin. Tatsächlich war sein Bauch mit roten Flecken übersät.

»Jakob, bitte tu mir einen Gefallen und warte bis morgen. Wenn der Ausschlag dann noch da sein sollte, vereinbare ich einen Arzttermin für dich.« Aber bestimmt nicht bei unserem Hausarzt, fügte sie in Gedanken hinzu. Der nahm Jakob längst nicht mehr ernst, und auf die spöttischen Bemerkungen der Sprechstundenhilfe am Telefon konnte Iris getrost verzichten. Sie seufzte kaum hörbar. Das war wohl der Preis dafür, mit einem mehr als 20 Jahre älteren Mann verheiratet zu sein. In der letzten Zeit mutierte sie zunehmend zu seiner Pflegerin. Wenigstens war er – zumindest bis jetzt – ein unkomplizierter Kranker. Wenn man davon absah, dass er eigentlich kerngesund war.

Andererseits hatte der Altersunterschied auch sein Gutes: Jakob vergötterte sie, las ihr jeden Wunsch von den Augen ab. In all den Jahren ihrer Ehe hatten sie kein einziges Mal ernsthaft gestritten, und Iris hatte nie einem Brotberuf nachgehen müssen. Auch jetzt erklärte sich Jakob mit ihrem Vorschlag einverstanden.

Die Flecken waren am nächsten Tag noch immer da, ebenso das Herzrasen. Jakobs Nichte Carmen besuchte sie, hörte geduldig zu, als Jakob ihr sein Leid klagte, und empfahl ihm einen ihr bekannten Hautarzt. Sie versicherte, er sei sehr kompetent und gewissenhaft. Zwar verlange er als Privatarzt ein recht stattliches Honorar, aber das zahle sich letztendlich aus. Schließlich gehe es doch um das kostbarste Gut, die Gesundheit.

Jakob wäre lieber zu seinem Hausarzt gegangen, aber Iris stimmte Carmen zu. Es war sicher besser, gleich einen Spezialisten aufzusuchen. Was, wenn der Hausarzt nach all den Fehlalarmen gar nicht mehr richtig hinschaute und vielleicht die Anzeichen einer tödlichen Krankheit übersah? Was, wenn Jakob sterben musste, nur weil er nicht den richtigen Arzt zurate gezogen hatte? Iris versprach Jakob, ihn zum Dermatologen zu begleiten.

Am nächsten Tag machten sich die beiden auf den Weg in die Herrengasse 26, wo sich die Ordination des Arztes befand. Erst bummelten sie über den Franziskanerplatz mit seinen schmucken Lokalen und Schanigärten, die für mediterranes Flair sorgten. Durch die enge Franziskanergasse gelangten sie weiter auf den Hauptplatz 27, auf dem die Grazer so gerne ihre Feste feierten. Die bunten Dächer der Obst-, Gemüse- und Würstelstände leuchteten in der Sonne, ebenso die reich verzierten Fassaden der Häuser und die imposanten Türme des Rathauses 28, die in den fast wolkenlosen Himmel ragten. Über der Altstadt lag diese besondere Stimmung, die Iris so sehr an ihrer Heimatstadt liebte. Bis auf Lieferwägen waren weit und breit keine Autos zu sehen. Die Straßenbahnen durften in der Herrengasse, der Grazer Einkaufsmeile mit den sehenswerten Prachtbauten, nur im Schritttempo fahren. Und obwohl Graz als die fahrradfreundlichste Stadt Österreichs galt, durften hier die

Drahtesel tagsüber nur geschoben werden. Viel lieber als in der Arztpraxis wäre Iris in einen der Gastgärten am nahen Färberplatz eingekehrt und hätte die Passanten oder das tanzende Trachtenpärchen des Glockenspiels beobachtet. Dreimal täglich drehte sich dieses im Giebel des Hauses am Glockenspielplatz 29, während 24 Glöckchen drei verschiedene Melodien spielten. Immer wieder zauberte ihr das entzückende Schauspiel ein Lächeln ins Gesicht. Doch Jakob hätte dafür kein Verständnis gehabt. Er wollte so rasch wie möglich erfahren, wie lange er noch zu leben hatte.

Dr. Ghrabian öffnete ihnen höchstpersönlich die Tür der Ordination und begrüßte sie mit einem kräftigen Händedruck. Der etwa 40-jährige Arzt hatte dunkles Haar, war groß gewachsen und wirkte durchtrainiert.

Offenbar waren sie die einzigen Patienten in der modern ausgestatteten Praxis, die trotz der Pflanzen und geschmackvollen Bilder an den weißen Wänden kühl und unpersönlich war. Iris vermisste eine Sprechstundenhilfe.

»Im Moment muss ich alles selbst machen«, erklärte Dr. Ghrabian. »Meine Assistentin ist auf Urlaub. Flitterwochen …« Er zwinkerte Jakob zu und bat Iris, im Warteraum Platz zu nehmen. »Im Augenblick behandle ich nur ganz dringende Fälle.«

Jakob nickte dankbar.

Der Arzt bat ihn um eine Urinprobe und untersuchte ihn gründlich. Als er eine Hautveränderung auf Jakobs Rücken bemerkte, verfinsterte sich sein Blick. Mit dem Dermatoskop besah er sich diese genauer, seufzte, sagte aber nichts dazu. Außer, dass Jakob am übernächsten Tag um zehn Uhr wieder kommen solle, wenn die Laborergebnisse der Urinprobe vorlägen. Jakob getraute sich nicht zu fragen, wie es um ihn stand. Die tiefe Sorgenfalte auf der Stirn des Arztes ließ ihn nichts Gutes ahnen. Er war froh, dass Iris bei der Untersuchung nicht dabei gewesen war. Ihrem fragenden Blick wich er aus. »Lass uns mit der Tram nach Mariatrost [30] fahren, das Tramway-Museum ansehen und beim Pfeifer essen«, schlug er vor. Insgeheim dachte er, dass dies vielleicht seine Henkersmahlzeit sein würde. »Danach können wir durch den Wald zum Hilmteich [31] wandern und uns im Hilmteichschlössl ein Eis gönnen.«

Iris strahlte. »Das klingt wunderbar, mein Liebling«, sagte sie und küsste ihn auf die Wange. Wenn Jakob ihr einen solchen Vorschlag machte, konnte das nichts anderes bedeuten, als dass der Arzt Entwarnung gegeben hatte. Dennoch hütete sie sich davor, genauer nachzufragen. Sie hatte keine Lust, sich den idyllischen Ausflug von seiner Leidensgeschichte verderben zu lassen.

Zwei Tage später besuchte Jakob erneut die Ordination. Diesmal allein. Er fürchtete sich vor der Diagnose und davor, dass es ihm diesmal nicht gelingen könnte, die schlechte Nachricht vor Iris zu verbergen. Wieder öffnete ihm Dr. Ghrabian höchstpersönlich, wieder empfing ihn ansonsten gähnende Leere. Die Zeiten, in denen sich Ärzte dumm und dämlich verdienten, gehörten wohl der Vergangenheit an, dachte Jakob. Aber das war im Augenblick seine geringste Sorge.

Dr. Ghrabian hielt es für nötig, auch noch eine Ultraschall-Untersuchung vorzunehmen. Jakob konnte auf dem flimmernden Bildschirm nichts erkennen. Der Arzt starrte eine Weile stumm darauf und runzelte die Stirn.

Erst als sie sich wieder gegenübersaßen, sah er seinem Patienten in die Augen. »Sie müssen jetzt sehr tapfer sein, Herr Moser. Sie haben Schwarzen Hautkrebs im vierten Stadium. Der Krebs hat bereits Metastasen in Ihrem Körper gebildet, und bald wird Ihr Immunsystem komplett zusammenbrechen. Ihre Organe werden versagen.« Er reichte Jakob eine Liste mit Laborergebnissen, alle Werte lagen weit außerhalb der Referenzbereiche.

Jakob war wie vor den Kopf geschlagen. Jahrelang hatte er sich gedanklich mit allen möglichen Leiden beschäftigt, aber nun, von einer Minute auf die andere, zu erfahren, dass er todkrank war und qualvoll sterben würde, das war starker Tobak. Trotzdem war er froh, dass der Arzt so schonungslos offen zu ihm war.

Dr. Ghrabian hüstelte. »Sie können natürlich gern auch noch andere Ärzte konsultieren. Die Kollegen werden Sie dann sicherlich für die letzten Wochen ins Landeskrankenhaus einweisen. Es mag sogar sein, dass die eine oder andere Behandlung bei Ihnen gut anschlägt und Sie ein paar Tage länger leben. Im Spital oder im Hospiz wohlgemerkt.«

Seine Finger trommelten auf der vor ihm liegenden schwarzen Mappe herum. »Es tut mir sehr leid, aber aus medizinischer Sicht ist Ihnen nicht mehr zu helfen. An Ihrer Stelle würde ich meine Hinterlassenschaft regeln und die letzten Wochen an einem schönen Ort verbringen. Solange es die Schmerzen zulassen …« Er senkte die Stimme. »Sie wissen, dass ich mit Ihrer Nichte Carmen bekannt bin. Aus diesem Grund sind Sie für mich nicht irgendein Patient. Daher möchte ich ganz ehrlich zu Ihnen sein. Es gibt da ein bestimmtes Mittel …« Und dann sprach

Dr. Ghrabian von der schmerzlosen Möglichkeit, den Tod herbeizuführen und schob Jakob eine Medikamentenpackung hin. »Wenn es soweit ist, dann nehmen Sie fünf Stück davon.« Die Tabletten steckte er zusammen mit der Honorarnote in ein Kuvert. Auf seine Visitenkarte kritzelte er seine Handynummer dazu. »Die gebe ich nur in ganz besonderen Fällen weiter. Im Notfall erreichen Sie mich rund um die Uhr.«

Jakob steckte alles ein, bedankte sich und verließ die Praxis, ein Häufchen Elend. Einerseits hätte er gern noch weitere Ärzte konsultiert, andererseits schreckte ihn die Vorstellung, den Rest seines ohnehin nur mehr kurzen Lebens im Krankenhaus zu verbringen.

Noch hatte er keine Kraft, Iris gegenüberzutreten. Stattdessen schlug er den Weg in den nahen Stadtpark ein. Vorbei am imposanten Dom zum Heiligen Ägydius, der zur sogenannten Grazer Stadtkrone 32 gehörte. Der Bau wirkte heute geradezu bedrohlich auf ihn. Als wolle er Jakob mahnen, noch rasch ins Haus Gottes einzukehren, bevor er vor das Jüngste Gericht trat. Er wischte sich den Schweiß von der Stirn. Später, dachte Jakob. Später, auf dem Heimweg, würde er für eine Weile in der kühlen Stille des Doms verweilen und um Kraft beten. Doch zuerst wollte er noch einmal das Leben spüren. Im Stadtpark 33 blickte er sich um und lauschte. Die blühenden Rhododendronbüsche, das Rauschen der Blätter in den Bäumen, die trällernden Vögel. All das sollte er bald nicht mehr sehen und hören? Ein Eichhörnchen kam auf ihn zugehüpft und stellte sich vor ihm auf die Hinterbeine. »Heute habe ich keine Nüsse für dich«, entschuldigte sich Jakob schulterzuckend. »Das nächste Mal …« Er stockte mitten im Satz. Ein nächstes Mal würde es womöglich gar nicht mehr geben.

Iris starrte ihn entsetzt an, als er ihr von der Diagnose erzählte. Weinend saßen sie im Wohnzimmer und hielten einander fest. Dann recherchierten sie gemeinsam im Internet. Was sie in Foren und auf medizinischen Websites über Melanome im Endstadium erfuhren, übertraf ihre schlimmsten Befürchtungen. Jakob sah sich bestärkt, dem Rat des Arztes zu folgen. Die letzten Wochen sollten so schön wie möglich werden. »Komm, lass uns einen Spaziergang machen. Ich brauche frische Luft«, seufzte er. Später genehmigten sie sich eine Breze beim Verkäufer auf der Hauptbrücke. Alles auskosten, lautete ab sofort die Devise. Von der Backspezialität, die nur in der Murmetropole hergestellt wurde, hatten sie beide noch nie genug bekommen können. Sie spazierten weiter durch die Murgasse, dann durch die Sackstraße, bald gelangten sie zum Schloßbergplatz. Auf den 260 Stufen des Felsensteigs, der auf den Schloßberg 34 mit dem Uhrturm hinaufführte, musste Jakob einige Male innehalten und durchschnaufen. Die Krankheit hatte ihm wohl schon zugesetzt. Als sie endlich oben ankamen, hatte die Dämmerung die Stadt eingehüllt. Die Lichter gingen an. Iris und Jakob setzten sich auf die steinerne Brüstung unter dem Uhrturm und blickten über die Dächer der Stadt, aus dem das Kunsthaus 35 mit seinen futuristischen runden Formen und blauen Glasflächen hervorstach. Eine Weile sprachen sie kein Wort, hielten sich nur an den Händen.

»Ich möchte nicht allein zurückbleiben«, sagte Iris schließlich. Und dann machte sie einen Vorschlag, der

Jakob zutiefst rührte, zugleich aber auch bestürzte: »Lass uns gemeinsam sterben.« Er wollte nichts davon wissen. Aber Iris blieb stur. »Wenn du sterben musst, will ich auch nicht mehr leben.«

Jakob versuchte, sie umzustimmen, doch wie immer hatte er gegen Iris keine Chance, wenn sie sich etwas in den Kopf gesetzt hatte. Sie wollte alles ordnen und noch einen letzten schönen Urlaub mit ihm verbringen und dann, bei einem Sonnenuntergang unter Palmen, gemeinsam mit ihm aus dem Leben scheiden. Jakob gefiel die romantische Vorstellung, doch insgeheim weigerte er sich, Iris mit in den Tod zu nehmen. Um des lieben Friedens willen stimmt er ihrem Vorschlag aber vorerst zu. Als sie mit der Schloßbergbahn hinunterfuhren, genoss Jakob die Aussicht auf die illuminierte Stadt.

Iris buchte drei Wochen Urlaub in der Karibik. Jakob nutzte die Zeit bis zur Abreise, um alle Formalitäten in Ordnung zu bringen. Auch die Honorarnote von Dr. Ghrabian überwies er. Die Diagnose, sein Todesurteil, hatte ihn viel Geld gekostet. Irgendetwas an der Kontonummer irritierte ihn, sie kam ihm bekannt vor.

Ihre Nichte Carmen war die Einzige, die sie in ihre Pläne einweihten. Sie war von der Diagnose ebenfalls entsetzt. Rührend kümmerte sie sich um die beiden, besuchte sie täglich und spendete ihnen Trost. »Iris, ich kann dich so gut verstehen. Wenn ich einen Lebenspartner wie Onkel Jakob hätte, dann würde ich auch nicht allein zurückbleiben wollen«, unterstützte sie das Vorhaben ihrer Tante.

Noch schien der Krebs Erbarmen mit Jakob zu haben. Bis auf den Ausschlag, der immer stärker wurde und den hinzugekommenen Durchfall, fühlte sich Jakob nicht schlechter als bei seinem letzten Besuch bei Dr. Ghrabian. Doch der hatte ihm zum Abschied gesagt, dass die Schmerzen in plötzlichen Schüben kommen würden. Von einem Tag auf den anderen. Bis dahin solle er sein Leben genießen.

Beim Kofferpacken bemerkte Jakob, dass die Tabletten, die ihm ein selbst bestimmtes Dahinscheiden bescheren sollten, verschwunden waren. Möglich, dass sie beim Aufräumen verloren gegangen waren. Ihm blieb nichts anderes übrig, als vor der Abreise noch einmal zum Arzt zu gehen, um sich neue zu besorgen. Die Ordination präsentierte sich diesmal überraschend gut besucht. Ständig klingelte das Telefon.

»Waren Sie schon einmal hier?«, fragte die Sprechstundenhilfe, die hinter dem Schreibtisch geschäftig in ihren Computer tippte.

»Ja, während Sie in den Flitterwochen waren«, antwortete Jakob ruppig. Andere schwebten im Siebenten Himmel, während es mit ihm zu Ende ging.

Die junge Frau sah ihn verwundert an. »Flitterwochen? Schön wär's. Ich hab nicht mal einen Freund.« Kopfschüttelnd nahm sie Jakobs Daten auf und bat ihn, im Wartezimmer Platz zu nehmen. Er war verärgert. Warum log sie ihn an? Weil er bald sterben musste?

Als er aufgerufen wurde, empfing ihn ein unbekannter Mann im Behandlungsraum. Er war dunkelhaarig, aber das und der Arztkittel waren das Einzige, was er mit Ghrabian gemeinsam hatte.

»Ist denn der Herr Doktor heute nicht da?«, fragte Jakob verunsichert. Das fehlte noch, dass er sein ganzes Leid einem anderen Arzt anvertrauen musste. Auch befürchtete er, dass er die Tabletten nicht bekommen würde. Schließlich drohten Sterbehelfern langjährige Haftstrafen.

Der ältere Herr sah ihn belustigt an. »Ich *bin* Doktor Ghrabian. Haben Sie jemand anders erwartet?«

Jakob starrte den Mann verständnislos an. »Bitte halten Sie mich nicht zum Narren. In meinem Zustand bin ich für solche Späße nicht mehr zu haben.«

Als sein Gegenüber darauf beharrte, Dr. Ghrabian zu sein, erzählte Jakob ihm von den beiden vorangegangenen Praxisbesuchen.

Der Arzt blickte auf seinen Kalender, dann nahm er einen Reisepass aus der Schreibtischschublade und schob ihn Jakob hinüber. Das Foto zeigte zweifelsfrei sein Gegenüber, das Dokument war auf Dr. Arian Ghrabian ausgestellt. »Die Ordination war neulich wegen Urlaubs geschlossen«, sagte der Arzt.

Jakob war wie vom Donner gerührt. »Aber ich habe doch die Befunde zu Hause liegen«, insistierte er.

Dr. Ghrabian zuckte mit den Schultern. Heutzutage sei es kein Problem, eine Liste auf einem Computer zu erstellen. Das könne jeder.

»Was heißt hier jeder? Wer war dann der erste Arzt? Und die Visitenkarte?« Mit zittrigen Fingern holte Jakob sie hervor und legte sie dem Doktor hin.

»Ja, das ist meine Karte. Aber die Mobilnummer kenne ich nicht. Haben Sie schon einmal dort angerufen?«

Jakob verneinte. Der Arzt tippte die Ziffern in sein Telefon und aktivierte die Lautsprecherfunktion. Eine Stimme erklärte ihnen, dass es unter dieser Nummer keinen Anschluss gäbe.

Jakob beschrieb den Mann, der sich als Doktor ausgegeben hatte, und erzählte von der schockierenden Diagnose. Er sei jetzt nur hergekommen, um sich nochmals jene Tabletten zu holen, die ihm der vermeintliche Arzt für seine letzte Reise gegeben hatte. Je länger Jakob sich selbst zuhörte, umso unglaubwürdiger kam ihm die Geschichte vor. Der echte Dr. Ghrabian schien ihn jedoch keineswegs für verrückt zu halten, sondern schlug ihm eine erneute Untersuchung vor.

»Soweit ich das beurteilen kann, fehlt Ihnen nichts Gravierendes«, lautete seine erste Diagnose. Den Hautausschlag führte er auf eine mögliche Allergie zurück, der vermeintliche Hautkrebs sei nur ein harmloses Muttermal, war er sich sicher. Er überwies Jakob in ein Allergie-Ambulatorium.

In Jakob tobte ein Gefühlschaos. Zum einen war er glücklich über die neue Diagnose, zum anderen verwirrte ihn die Hochstapelei, der er zum Opfer gefallen war. Wer erlaubte sich solch üble Scherze mit unschuldigen Mitmenschen? Kurz überlegte er, bei der Polizei Anzeige zu erstatten, aber er hatte keine Beweise und wollte vor den Beamten nicht als leichtgläubiger Idiot dastehen.

Also eilte Jakob nach Hause und erzählte Iris von der wunderbaren Neuigkeit und dem falschen Doktor, dem er aufgesessen war und der ihn fast in den Freitod getrieben hätte. Sie zeigte sich fassungslos über so viel Boshaftigkeit und rief sofort bei Carmen an, die ebenfalls empört reagierte. Allerdings mahnte sie Jakob und Iris zur Besonnenheit, warnte vor verfrühter Euphorie und überstürzten Schritten. Sie sollten erst einmal den Allergietest abwarten. Wie der Zufall es wollte, fand Jakob auch die Tabletten wieder, die ihm der falsche Arzt gegeben hatte. Er hatte vergessen, dass er sie bereits ins Seitenfach seiner Reisetasche gesteckt hatte. Wie froh er diesmal über seine Vergesslichkeit war!

Der Allergietest ließ keinen Zweifel offen: Dass er hochallergisch gegen Birken- und Gräserpollen war, hatte Jakob längst gewusst. Doch dass er an einer Kreuzallergie gegen Nüsse, Äpfel, Karotten, Tomaten und alle möglichen anderen Obst- und Gemüsesorten litt, war neu. Der Arzt erklärte ihm, das sei wohl auch der Grund für die ständigen Kopfschmerzen, den Durchfall und den Hautausschlag.

Jakob fielen all die köstlichen Gerichte ein, die ihm Iris in letzter Zeit gekocht hatte. Zweimal in der Woche war sie auf den Kaiser-Josef-Markt [36] gefahren, um frischsaftig-steirische Äpfel, Paradeiser, knuspriges Brot, Schinken und Käse, Kürbiskernöl, Nüsse und Kerne für ihn zu besorgen – selbstverständlich alles von Biobauern aus der Umgebung. Für sich selbst hatte Iris jedes Mal einen bunten Blumenstrauß mitgenommen. Mit viel Liebe hatte sie für ihn täglich ein Müsli mit Apfelstücken, Nüssen und Kürbiskernen zubereitet, hatte ihn ermuntert, zwischendurch Karotten und Tomaten zu naschen. Sogar über den Salat oder übers Vanilleeis hatte sie Nüsse und Kerne gestreut, weil diese so gesund seien. Dabei waren gerade diese Draufgaben die Auslöser für die schreckliche Geschichte gewesen.

Da die Ordination von Dr. Ghrabian auf dem Weg lag, beschloss Jakob, ihm sofort vom Allergie-Befund zu berichten. Die Fenster im Stiegenhaus standen weit offen. Von draußen drang der Duft des rankenden Geißblatts herein. Es würde also doch nicht sein letzter Sommer sein, freute sich Jakob, hielt inne und blickte in den blühenden Hof.

Das Hochgefühl, das sich in seiner Brust breitmachte, wurde vom Klingeln eines Handys unterbrochen. Es galt dem Hausmeister, der dort unten gerade zusammenkehrte.

»Er weiß es?«, hörte er den Mann fragen. »Aber das kann nicht sein, wir haben doch alles so gründlich …«

Diese Stimme! Jakob sah sich den Mann genauer an.

»Warum hast du mich nicht schon gestern …? Ach so, ja …«

Die Haarfarbe, dieser Körperbau! Jakob trat beiseite, damit der Mann ihn nicht am Fenster entdeckte, und hörte weiter zu.

»… müssen wir uns eben was anderes einfallen lassen, um sein Geld zu kriegen. Mach dir keine Sorgen, Liebling.«

Ja, der Mann dort unten war kein anderer als der falsche Dr. Ghrabian!

Jakob durchfuhr es wie ein Blitz. Sprach er etwa von ihm? Am Ende gar mit Iris? Wollte sie ihn loswerden, um an sein Geld heranzukommen? Und es dann mit diesem Hausmeister durchbringen?

Bei der Sprechstundenhilfe erkundigte er sich wenig später, ob während des Urlaubs jemand Zutritt zur Ordination gehabt habe. Die Frau schüttelte den Kopf und ließ keinen Zweifel daran, dass ihr dieser Patient mit seinen eigenartigen Fragen nicht ganz geheuer war.

Fassungslos setzte sich Jakob in den Warteraum. Sah er jetzt schon Gespenster? Oder wurde er gar verrückt? Warum verdächtigte er seine herzensgute Frau? Aber der Kerl im Hof war kein Produkt seiner Fantasie. Und der falsche Arzt mit der schrecklichen Diagnose auch nicht. Eine Studie über Schizophrenie fiel ihm ein. Er zitterte, sein Herz raste, der Schweiß trat ihm auf die Stirn. Eine seiner Großtanten war vor Jahren in die Nervenklinik eingeliefert worden. Hatte er ihre Krankheit geerbt und sich das am Ende alles nur eingebildet?

»Da fällt mir ein: Der Hausmeister hatte die Schlüssel zur Ordination, damit er die Blumen gießen und nach dem Rechten sehen konnte.« Die Sprechstundenhilfe stand nun neben Jakob. Es dauerte eine Weile, bis ihre Worte ihn erreichten. Er nickte wortlos. Also doch …

»Geht es Ihnen gut?«, erkundigte sich die Assistentin besorgt. »Soll ich Ihnen ein Glas Wasser bringen?«

Jakob schüttelte den Kopf. Er war nicht schizophren, er hatte sich nichts eingebildet. Doch dann traf es ihn mit voller Wucht: Wenn er nicht verrückt war, dann war seine erste Eingebung tatsächlich die richtige gewesen. Die Erkenntnis, dass seine Frau ihn in den Tod treiben wollte, um an sein Geld zu kommen, war noch niederschmetternder als die Angst, verrückt zu werden.

Der Arzt, der ihn nun hereinbat, unterbrach seine Gedanken. Er lächelte und offenbarte Jakob, dass er kerngesund sei und keinerlei Leiden, schon gar keinen Krebs habe. »Aus meiner Sicht spricht nichts dagegen, dass Sie sehr, sehr alt werden, Herr Moser.«

Noch vor einer Stunde hätte Jakob diese Nachricht glücklich gemacht. Er wäre nach Hause gelaufen und hätte mit Iris seine Wiedergeburt gefeiert. Aber nun erschien ihm alles öd und leer. Mit seinem Selbstmitleid wuchs auch sein Zorn auf Iris und den Hausmeister. So reifte auf dem Heimweg ein Entschluss in ihm heran.

Als er nach Hause kam, beendete Iris hastig ein Telefongespräch. Bestimmt hatte er sie beim Turteln gestört. Mittlerweile war er sich sicher, dass sie und der Hausmeister den tödlichen Plan geschmiedet hatten.

»Und? Was hat der Arzt gesagt? Ist es eine Allergie?« Ihre Fragen sollten wohl liebevolles Interesse signalisieren, doch Jakob hörte nur den Frust über den missglückten Mordversuch heraus. Ihren Kuss ließ er gleichgültig über sich ergehen, die Fragen unbeantwortet, was Iris aber gar nicht zu kümmern schien.

Sie servierte das Essen. Zum Nachtisch gab es Apfelstrudel mit Nüssen und selbstgemachtes Vanilleeis mit Kernöl. Jakob rührte nichts davon an. Nicht weil er allergisch war, sondern weil die Freude am Leben ein für alle Mal dahin war. In diesem Moment beschloss er zum zweiten Mal, zu sterben. Doch diesmal würde er Iris mitnehmen. Dass sie tatsächlich mit ihm in den Tod hatte gehen wollen, glaubte er keine Sekunde mehr. Er wäre gestorben, und sie hätte mit dem Erbe und ihrem jungen Liebhaber ein neues Leben begonnen.

»Morgen Abend kommt Carmen vorbei«, unterbrach Iris seine bitteren Gedanken. »Dann können wir deine Wiederauferstehung gebührend feiern.«

Jakob nickte. Das war perfekt. So würde es sogar eine Zeugin geben.

Iris bereitete steirisches Kürbisgemüse mit Paprika, Sauerrahm und Kümmel zu. Von ihr kam die Würze, von Jakob das Gift. Die gefüllten Teller stellte er höchstpersönlich auf den Tisch, bevor Carmen sie servieren konnte. In seinem und dem von Iris hatte er heimlich die zerkleinerten

Tabletten beigemischt, die ihm der falsche Arzt verschrieben hatte. Sicherheitshalber die dreifache tödliche Dosis.

Beim Abendessen erzählte Carmen von ihren Urlaubsplänen. Sie hatte einen netten Mann kennengelernt.

Das war das Stichwort. »Ich weiß alles«, unterbrach Jakob sie ansatzlos und blickte Iris hasserfüllt an. Die starrte ihn erschrocken an.

»Du wolltest mich töten. Gemeinsam mit diesem Hausmeister, der sich als Dr. Ghrabian ausgegeben hat, um mir einzureden, ich sei todkrank. Wie konntest du mir das nur antun nach all den Jahren?« Die Tränen schimmerten in seinen Augen. »Aber die Suppe habe ich dir versalzen. Oder besser gesagt …«, er lachte grimmig, »… das Kürbisgemüse vergiftet. Du wirst mich in den Tod begleiten, meine Liebe, wie du es angeblich ja wolltest.«

»Aber Jakob! Was redest du da?«

»Gib es ruhig zu, dass du mich betrogen hast. Wie lange geht das schon?«

»Bist du verrückt geworden? Nie und nimmer hab ich das getan. Nicht einmal daran gedacht habe ich in all den Jahren.« Sie verstummte, starrte auf ihren fast geleerten Teller. »Du hast das Kürbisgemüse vergiftet?«, fragte sie ungläubig, als die Bedeutung seiner Worte endlich zu ihr durchdrang.

»Ja, und nicht nur deines. Was hätte mein Leben noch für einen Sinn ohne dich? Egal ob ich nun krank oder gesund bin …«

Carmen hatte den beiden erstaunlich gelassen zugehört. Anstatt zum Telefon zu stürzen und den Notarzt zu verständigen sagte sie nur: »Onkel Jakob, was bist du nur für ein Depp! Du hast es mir wirklich einfacher gemacht, als ich dachte. Das Gift wirkt bald, deshalb kann ich es dir sagen: Nicht Iris, sondern ich habe das alles eingefädelt. Du selbst hast mich mit deinen ewigen hypochondrischen Anwandlungen auf die Idee gebracht und du musst zugeben, die Inszenierung mit dem Hausmeister als vermeintlichem Arzt war einfach genial. Gerald ist natürlich *mein* Liebhaber, nicht der von Iris. Was haben wir gelacht, als er mir erzählt hat, dass du ihm die Diagnose und die gefälschten Befunde tatsächlich abgenommen hast. Nicht einmal, dass er dir kein Blut abgenommen und so offen über Sterbehilfe gesprochen hat, ist dir verdächtig vorgekommen. Danke übrigens für die Überweisung des Honorars auf mein Konto. Obwohl eh bald alles mir gehört.«

Darum war Jakob die Kontonummer so bekannt vorgekommen. Ihm wurde schummrig vor Augen. Übelkeit stieg in ihm auf.

Iris saß ermattet auf dem Sessel. Tränen kullerten über ihre Wangen.

»Du hast mir doch immer gesagt, dass Obst, Kürbiskerne und Nüsse für Jakob gesund sind«, flüsterte sie.

»Nun, ich wusste ja, dass er gegen Birken und Zucchini allergisch ist, also habe ich mich über Kreuzreaktionen schlaugemacht. Ich wusste nicht sicher, dass er allergisch reagieren würde, aber einen Versuch war es wert. Es ist dann alles sogar noch perfekter gelaufen, als ich es mir erträumt hatte.«

»Aber warum?«, keuchte Jakob. »Wir haben dich doch immer wie unser eigenes Kind behandelt, dich sogar zu unserer Alleinerbin eingesetzt.«

»Die Antwort ist ganz einfach: Ich brauche Geld. Viel Geld. Und zwar jetzt und nicht erst in 30 Jahren, wenn ihr endlich das Zeitliche segnet. Ich habe noch so viel vor in meinem Leben.«

Bei diesen Worten erhob sie sich, nahm ihren Teller und ging damit in die Küche. Jakob hörte sie dort hantieren, wohl um die Spuren ihrer Anwesenheit zu beseitigen.

Er wollte zum Telefon, er musste der Polizei erzählen, was geschehen war, musste die Rettung anrufen und vor allem den Abschiedsbrief vernichten, in dem er den Grund für sein und Iris' Dahinscheiden erklärte. Er wollte nicht sterben. Schon gar nicht so gesund. Seine geliebte Iris durfte nicht sterben. So unschuldig, wie sie war. Aber es war zu spät. Sein Körper tobte und zuckte, alle Fasern krampften sich zusammen, sein Herz raste. Das Letzte, was er hörte, war das Schlagen der Glocke der Franziskanerkirche, die zur Abendandacht rief.

25 Franziskanerkirche: Gotische Kirche des ältesten Klosters der Stadt (1239 neben der Mur errichtet). Kleine Geschäfte und zahlreiche Lokale mit Gastgärten schmiegen sich an die Außenmauern der Kirche und prägen den Franziskanerplatz mit seinem Kopfsteinpflaster und den historischen Gebäuden. Im Innenhof des Klosters befindet sich der mittelalterliche Kreuzgang.

26 Herrengasse: Auto- aber nicht straßenbahnfreie Prachtstraße und Einkaufsmeile mit zahlreichen Cafés und Schanigärten zwischen Jakominiplatz und Hauptplatz. Dekorative Barockfassaden, prachtvolle Gebäude aus Spätrenaissance und Gründerzeit.

27 Hauptplatz: Der trapezförmige autofreie Grazer Hauptplatz (mit Rathaus und Erzherzog-Johann-Denkmal) ist das Zentrum des öffentlichen Lebens der Murmetropole. Hier passieren alle Straßenbahnlinien und die wichtigsten Geschäftsstraßen der Stadt – Herrengasse, Sackstraße, Sporgasse, Murgasse – nehmen hier ihren Anfang.

28 Rathaus: Der repräsentative Bau mit späthistoristisch-altdeutscher Fassade, Kuppel, Uhr und Ecktürmchen dominiert seit Ende des 19. Jahrhunderts den Grazer Hauptplatz. Amtssitz des Bürgermeisters und der Stadtregierung.

29 Glockenspielplatz: Dreimal täglich (um 11, 15 und 18 Uhr) öffnen sich die Arkadenfenster im Giebel des Glockenspielhauses. Das Trachtenpärchen tanzt zu drei unterschiedlichen Melodien, intoniert von 24 Glocken. Das Haus steht im sogenannten Bermudadreieck zwischen Mehlplatz, Prokopigasse und Färberplatz. So mancher soll dort schon in einem der zahlreichen Lokalen verschollen sein.

30 Mariatrost: Der 11. Bezirk von Graz ist einer der bedeutendsten Marien-Wallfahrtsorte der Steiermark mit wundertätiger Marienstatue im barocken Gebäude der Basilika Mariae Geburt. Einkehren beim traditionsreichen Kirchenwirt nebenan, von den Grazern ›Der Pfeifer‹ genannt. Das Tramway-Museum an der Straßenbahn-Endstation Mariatrost präsentiert unter anderem 25 historische Triebwagen.

31 Hilmteich: Teich mit parkähnlicher Grünanlage am Rande des Leechwaldes, beliebtes Ausflugsziel der Grazer mit Spazier- und Laufwegen, Kletter- und Erlebnispark, Rast- und Picknickplätzen. Im Winter eislaufen, im Sommer Ruderboot fahren. Danach gibt's Kaffee und Kuchen im eleganten ›Hilmteichschlössl‹– Baujahr 1859.

32 Grazer Stadtkrone: Dazu gehören der gotische Dom zum Heiligen Ägydius – seit 1786 Bischofskirche und Hauptkirche der Katholiken in der Steiermark – und die 1438 als Habsburgerresidenz errichtete Grazer Burg – heute Amtssitz des steirischen Landeshaupt-

manns. Ebenso das Mausoleum von Kaiser Ferdinand II. und das Priesterseminar (errichtet 1572).

33 Stadtpark: Das ›Grüne Herz‹ von Graz – größte öffentliche Parkanlage der Stadt mit 22 Hektar und rund 2.000 Bäumen. Ende des 19. Jahrhunderts auf der Fläche des ehemaligen Glacis begründet.

34 Schloßberg: Wuchtiger Fels aus Dolomitgestein, ragt 123 Meter über den Hauptplatz. Auf dem Schloßberg das alte Wahrzeichen der Stadt – der Uhrturm mit seinen vertauschten Zeigern. Im Inneren drei Glocken, darunter die älteste Glocke von Graz (1382). Ebenfalls sehenswert: die blumenreiche Bürgerbastei, der Glockenturm Liesl, die Kasematten, die als Bühne dienen, und der Türkenbrunnen. Hinauf geht's mit der Schloßbergbahn, dem gläsernen Lift, vom Schloßbergplatz zu Fuß über den Felsensteig mit seinen 260 Stufen oder über die Zufahrtstraße. Spektakulärer Ausblick!

35 Kunsthaus: Eröffnet im Kulturhauptstadtjahr 2003, am rechten Murufer gelegen. Mit seiner Außenhaut aus blauem Acrylglas und den saugnapfartigen ›Nozzels‹, durch die das Licht einfällt, gilt der ›Friendly Alien‹ längst als neues Wahrzeichen der Stadt. Kunst aus den letzten vier Jahrzehnten.

36 Kaiser-Josef-Markt: Bekanntester und größter Bauernmarkt in Graz am Kaiser-Josef-Platz neben der Oper (Montag bis Samstag, 6 bis 13 Uhr). Sai-

sonales Obst und Gemüse, außerdem alles, was die Bauern aus der Umgebung zu bieten haben: unter anderem Kürbiskernöl, Käferbohnen, steirisches Fleisch, Würste und Käse.

OSTSTEIERMARK (BEZIRKE HARTBERG-FÜRSTENFELD UND WEIZ)

Mörderjagd

Beate Maxian

Barbara Zweigs Hand lag auf der Klinke der weißen Tür. Sie sah den Flur entlang und zögerte einen Moment. Am Gang standen vier uniformierte Polizisten. Eigentlich ein gewöhnlicher Anblick für diese Abteilung. Dennoch machte er Barbara Zweig nervös, weil die Blicke der Beamten auf ihr ruhten, wie die der Adler auf ihrer Beute. Bereits beim Betreten der Polizeiinspektion in der Pöllauer Märzgasse hatte sie ungewöhnlich hektische Betriebsamkeit empfangen. Barbara Zweig war Psychologin. Sie fühlte Aufgeregtheit wie eine körperliche Berührung. Und die vier Polizisten am Gang waren ihrer Meinung nach hochgradig angespannt. Sie wandte ihren Kopf wieder zur Tür. Harald Strohsack hatte sie vor einer Stunde angerufen, sie gebeten, so schnell wie möglich vorbeizukommen, und ausdrücklich hinzugefügt, dass es länger dauern würde. Sie holte tief Luft, fuhr sich mit den Fingern durch ihre langen blonden Haare und drückte dann die Klinke nach unten. Den Bruchteil einer Sekunde später befand sie sich mitten in der Einsatzzentrale. An der Wand erstreckte sich eine Reihe von Monitoren, die das benachbarte Schloss Pöllau 37 aus allen möglichen Blickwinkeln zeigten.

»Schön, dass Sie es einrichten konnten, in die Einsatzzentrale zu kommen.« Harald Strohsack stand mitten im Raum, beobachtete die Gegebenheiten auf den verschiedenen Bildschirmen. Seine halblangen blonden Locken ließen ihn jünger erscheinen, als er war. Er trug Jeans und ein dunkelblaues Poloshirt. Die dunklen Ringe unter den Augen verrieten, dass er bereits längere Zeit auf den Beinen sein musste. Seine Stimme klang jedoch wach.

»Meinen Kollegen Abteilungsinspektor Viktor Förster kennen Sie ja bereits.« Er zeigte auf einen Mann mittleren Alters mit kurzen dunklen Haaren, der gerade an irgendwelchen Knöpfen einer Apparatur drehte. »Er überprüft die Technik, damit es später, wenn es soweit ist, keine Verständigungsprobleme gibt und die Bildqualität passt«, erklärte Strohsack.

»Schön, Sie wiederzusehen, Viktor.«

»Schön, auch Sie wiederzusehen, Barbara«, erwiderte der Mann müde. »Chefinspektor Strohsack hat mir schon gesagt, dass er Sie hergebeten hat.«

Sie sah sich im Raum um, als erwarte sie, noch jemanden zu sehen. »Sind wir nur zu dritt?«

Strohsack nickte. »Ich will nur Sie und Viktor hier haben. Zu viele Menschen um mich herum machen mich nervös. Ich muss mich aufs Wesentliche konzentrieren.«

»Warum bin ich eigentlich hier?«

Strohsack schob einen leeren Stuhl direkt vor die Monitore, deutete Barbara Zweig, darauf Platz zu nehmen. Sie setzte sich kommentarlos. Er ließ sich auf dem Stuhl neben ihr nieder. »Sie erinnern sich doch an unser Gespräch über diesen Serientäter, der die Bezirke Weiz und Hartberg in Atem hält?«

Barbara Zweig nickte. »Sie meinen den, dessen Serie vor zwei Jahren begann. Wenn ich mich recht erinnere, war sein erstes Opfer eine Frau. Er hat sie am Gipfel des Teufelsteins [38] erdrosselt, direkt beim gleichnamigen Felsen.«

»Genau den meine ich. Die Tote war eine allein reisende Touristin. Sie hatte im Alpengasthof in Fischbach [39] gewohnt. Von dort aus war sie an diesem Morgen um halb neun Uhr aufgebrochen. Der Teufelstein liegt gerade einmal rund eine Stunde Fußmarsch entfernt. Der Mord muss sich gegen elf Uhr vormittags ereignet haben. Um diese Uhrzeit waren bereits viele Wanderer unterwegs, die die Ermordete auf ihrem Weg gesehen hatten. Nur den Mord hatte niemand beobachtet.«

»Ich erinnere mich, Herr Strohsack. Wir sind den Fall miteinander durchgegangen, kurz, nachdem zwei weitere Morde passierten. Soweit ich mich erinnere, fand man das zweite Opfer in Wenigzell [40] und das dritte in Miesenbach [41]. Persönlich gingen Sie relativ bald davon aus, es hier mit einem Serientäter zu tun zu haben, während Ihre Kollegen noch der Meinung waren, dass es sich um verschiedene Täter handelt. Deshalb, weil das Tötungsmuster und die Orte variierten. Wobei ich mich, ehrlich gesagt, damals schon gewundert habe, dass Sie eine Psychologin aufgesucht haben und keinen Profiler anforderten.«

»Ich wollte keinen Profiler. Außerdem waren Sie es, die mich auf die Idee gebracht hat. Sie haben wenige Wochen vor dem ersten Mord in einem Fernsehinterview gesagt, dass Serienmörder mindestens drei Menschen töten, wobei die Taten durch unterschiedliche Orte und Zeitpunkte klar voneinander abgegrenzt sind.«

»Aber das war in einem komplett anderen Zusammenhang. In dem Fernsehbeitrag ging es generell um das Profil eines Serientäters. Natürlich muss man jeden Fall individuell bewerten.«

Harald Strohsack schenkte Kaffee aus einer Thermoskanne in eine Tasse, reichte sie Barbara Zweig. Die Psychologin nahm sie lächelnd entgegen.

»Dennoch war ich damals sehr von Ihrer Aussage beeindruckt. Noch während des Interviews habe ich mir Ihr Gesicht eingeprägt, Ihren Namen aufgeschrieben und mir geschworen, wenn ich jemals in die Situation kommen sollte, es mit einem Serienmörder zu tun zu haben, dann werde ich Sie auf der Stelle kontaktieren. Und das habe ich dann auch getan. So einfach ist die Antwort auf Ihre Frage, warum ich Sie und keinen Profiler hinzugezogen habe.«

»Was genau haben Sie vor, Herr Strohsack?«

»Ich glaube, dass er heute wieder zuschlagen wird.« Er zeigte auf einen Monitor. Ihr Blick folgte seiner Hand, blieb an dem Bildschirm hängen.

»Genau hier, im Schloss«, fuhr Strohsack fort. »Deshalb haben wir das gesamte Areal mit Kameras ausgestattet und zig Polizisten in Zivil positioniert. Diesmal wird er uns in die Falle gehen, Frau Zweig.«

Sie beobachtete einen Mann, der im Innenhof des ehemaligen Augustiner Chorherrenstiftes auftauchte. »Sie haben schon einmal geglaubt, dass Sie ihn schnappen können. Wissen Sie noch, damals in der Taborkirche in Weiz 42? Vier Monate, nachdem das dritte Opfer gefunden wurde. Sie waren sich damals auch absolut sicher. Zivile Polizisten haben die Kirche den ganzen Tag über beobachtet. Das Szenario hier erinnert mich an die Situation. Auch die alte Kirche war verkabelt wie ein Patient beim EKG. Ehrlich gesagt hatte ich in Weiz große Angst um die Frau, die den Lockvogel spielte. Immerhin wussten wir zu dieser Zeit bereits, wie gefährlich der Täter ist.«

Strohsack lächelte. »Ich hatte damals mehr Angst um den barocken Hochaltar. Ich meine, das Altarbild stammt aus dem 18. Jahrhundert, das wäre unwiederbringlich ruiniert gewesen, wenn der Mörder damals ausgerastet wäre und sich womöglich den Weg nach draußen freigeschossen hätte.«

»Sie sehen zu viele Actionfilme, Herr Strohsack.«

»Was ich meine, Frau Zweig … alle unsere Lockvögel sind verdammt gut ausgebildete Polizisten. Jeder von denen weiß, wie man sich aus der Schusslinie bringt, auch unsere weiblichen Lockvögel.« Er machte ein betretenes Gesicht, doch seine Lippen umspielte ein spitzbübisches Grinsen. »Aber der arme, unbedarfte Altar. Der wäre einfach stehen geblieben und hätte sich erschießen lassen.« Er lachte laut. Viktor Förster stimmte in sein Lachen ein. Barbara Zweig blieb ernst. »Machen Sie sich jetzt wirklich über die Bedenken des Pfarrers lustig, nur weil er vor der ganzen Aktion zugab, sich um die wertvollen Relikte in der Kirche zu sorgen? Strohsack, sind Sie wirklich so unsensibel? Der Mann hatte Angst. Um sein Leben, das unserer Leute und natürlich um seine Kirche.«

»Wohl mehr um die Güter seiner Kirche als um unsere Leute«, sagte Strohsack verächtlich. Er warf einen kurzen Blick auf die silberfarbene Swatch an seinem Handgelenk.

»Dass das so nicht stimmt, wissen Sie genauso gut wie ich. Und wie wir beide ebenfalls wissen, ist der Mörder nicht in der Kirche aufgetaucht. Die Polizei glaubte, dass er einen Tipp bekommen hat.«

»Und wie wir beide ebenfalls wissen, dachten wir damals, dass Sie ihm den Hinweis gegeben haben, weil Sie Kontakt zu ihm hatten«, erwiderte Strohsack.

Barbara Zweigs Wangen färbten sich augenblicklich rot. »Ich hatte keinen Kontakt zu ihm. Er hat mich angesprochen … das wissen Sie doch. Ich war wandern … und ich wusste nicht, dass er ein gesuchter Mörder ist.«

»Egal«, wischte er den Vorfall vom Tisch. »Heute wissen wir, dass er Sie beobachtete. Er hat Sie studiert und uns ganz bewusst in die Irre geführt. Er wollte einfach nur wissen, wie dicht wir ihm auf den Fersen sind. Zudem wusste er danach genau, wer ihn an die Polizei verpfiffen hat, weil es nur einen Menschen gab, dem er anvertraute, in die Taborkirche zu wollen.«

»Seine damalige Freundin«, seufzte Barbara Zweig.

Strohsack nickte. »Sie hat es nicht überlebt.«

»Sein erster Fehler«, merkte Barbara Zweig an. »Damit hat er die Ermittler erst recht auf seine Spur gebracht.«

»Dennoch haben wir ihn nicht erwischt, trotz Großfahndung.«

Der Mann auf dem Monitor durchschritt den Innenhof, verschwand unter den Arkaden und tauchte kurz darauf auf einem anderen Monitor wieder auf. Barbara Zweig mutmaßte aufgrund der imposanten Deckenmalerei, dass der Mann sich in diesem Augenblick im Freskensaal befand. »Sie haben tatsächlich das gesamte Schloss verkabelt«, stellte sie beeindruckt fest. Die dunklen Augen von Harald Strohsack strahlten wie die eines Kindes vor dem Weihnachtsbaum. »Sag ich doch, wir beobachten jeden Winkel. Auch die Stiftskirche ist voller Kameras. Egal, wo er heute zuschlägt. Wir werden da sein und ihn in Empfang nehmen. Wir stehen kurz vor der Aufklärung der größten Verbrechensserie der Oststeiermark. Was sage ich, wahrscheinlich der grausamsten Mordserie der gesamten Steiermark. Und ich wollte, dass Sie bei diesem historischen Ereignis an meiner Seite sind.« Strohsack sah ihr einige Sekunden lang in die Augen, dann trank er seine Kaffeetasse leer und goss sich nach.

»Sie sollten nicht so viel Kaffee trinken«, mahnte die Psychologin.

»Der hält mich wach.«

»Auch wenn Sie noch so sehr daran glauben, verliert der Kaffee mit zunehmender Menge seine Wirkung. Und wenn ich mir Ihre Augen ansehe, dann rate ich Ihnen dringend, ein paar Stunden zu schlafen.«

»Sie reden wie mein Arzt. Doch der kann, im Gegensatz zu mir, seine Ordination nach acht Stunden absperren. Das funktioniert in meinem Job leider nicht. Verbrecher halten sich nämlich so überhaupt nicht an Bürozeiten.« Er prostete Barbara Zweig mit der Kaffeetasse zu.

»Tun Sie, was Sie für richtig halten, Strohsack. Was bringt Sie eigentlich zu der Annahme, dass es diesmal klappt?«

»Chefinspektor Strohsack hat jedem einzelnen Mordfall sehr viel Zeit gewidmet und versucht, den Tatort und den Kerl zu analysieren«, meldete sich nun Viktor Förster zu Wort. Er tippte auf den Bildschirm. »Und das ehemalige Chorherrenstift ist die Summe seiner Analysen.«

»Klingt, als hätten Sie viel darüber nachgedacht«, sagte Barbara Zweig, ohne Strohsack aus den Augen zu lassen. »Klären Sie mich doch bitte auf! Warum ausgerechnet das Schloss Pöllau?«

»Geben Sie mir noch eine Minute, Frau Zweig. Sie werden gleich verstehen, worauf ich hinaus will. Sie haben bei diesem Interview fürs Fernsehen auch behauptet, dass es den typischen Serienmörder nicht gibt und sich deswegen die Suche in der Regel extrem schwierig gestaltet und Ermittler aus diesem Grund auch manchmal nicht sofort erkennen, dass der gleiche Täter hinter mehreren Verbrechen steckt. Welchen Fachausdruck haben Sie nochmal verwendet?«

»Modus Operandi. Das bezeichnet die Verhaltensweise eines Täters. Und ja, es stimmt, was ich behauptet habe. Manche Serientäter wechseln die Tatwaffe, um es den Fahndern zu erschweren, einen Zusammenhang zu erkennen.« Barbara Zweig hielt Strohsack ihre leere Tasse entgegen. Er grinste, füllte sie jedoch kommentarlos mit Kaffee.

»Bisher konnten wir ein ganz bestimmtes Muster feststellen, Frau Zweig. Er tötet Frauen im Alter zwischen 30 und 50 Jahren. In dieses Muster passte sogar seine Freundin. Sie war 43, als sie starb. Jedoch gab es bisher keine Hinweise auf den nächsten Tatort oder sein nächstes Opfer. Er hat, so schien es, beides willkürlich ausgesucht. Aber …« Strohsack machte eine kurze Pause, um sicherzustellen, dass ihm Barbara Zweig all ihre Aufmerksamkeit schenkte. »Alle Morde passierten sozusagen entlang der Steirischen Blumenstraße [43]. Das erste Opfer …« Er streckte den Daumen in die Luft, zählte an seinen Fingern ab. »Die Frau am Teufelstein lag, wenn Sie so wollen, auf dieser Route. Denn immerhin befindet sich Fischbach, wo sie wohnte, am Fuße des Teufelsteins. Also an der Blumenstraße. Das zweite Opfer haben wir in Wenigzell gefunden. Ebenfalls eine allein reisende Touristin. Sie befand sich auf dem Weg zum Barfußpark. Sie wurde wenige Stunden zuvor noch in der Buchtlbar gesehen. Beides direkt an der Steirischen Blumenstraße. Waren Sie schon einmal dort?«, fragte Strohsack.

»Wo?«

»Im Barfußpark.«

Barbara Zweig schüttelte den Kopf. »Leider nein. Soll aber sehr schön sein, hab ich gehört.«

»Das stimmt. Barfuß über die unterschiedlichsten Bodenbeschaffenheiten zu laufen, das hat mich an meine Kindertage erinnert.«

»Sie sind den Barfußpark abgegangen? Wann?«

»Nachdem die Leiche abtransportiert worden war.« Er warf einen raschen Blick auf Viktor Förster. Der starrte auf die Monitore und kritzelte zeitgleich etwas auf einen Block. »Sie wissen doch, dass wir uns bei einem Mordfall immer in der Umgebung umsehen und die Leute befragen. Und wenn mich mein Beruf schon einmal in die Nähe des Parks bringt, dann nutze ich das eben aus. Der Barfußpark liegt ja keine 100 Meter vom damaligen Leichenfundort entfernt. Mir hat übrigens der Holzpfahlweg besonders viel Spaß gemacht. Da ist nämlich auch der Gleichgewichtssinn gefordert, wenn man über die Stumpen balancieren muss. Das aktiviert das Gehirn, Frau Zweig. Ist gut für unseren Beruf. Sollten Sie auch einmal probieren. Und der Lehmboden. Das habe ich vor meinem Besuch im Barfußpark zum letzten Mal als Kind erlebt, dass die Füße im Gatsch versinken.« Strohsack schloss für einen kurzen Augenblick die Augen, versank sichtlich in Erinnerung.

»Das dritte Opfer in Miesenbach«, fuhr er einen kurzen Augenblick später mit geöffneten Augen wieder fort. »Auch hier eine Urlauberin. Sie wurde mitten am Wasserwanderweg gefunden. Danach passierte über einen längeren Zeitraum nichts, und dann hat er uns in der Taborkirche ganz schön alt aussehen lassen. Derweil hätten wir diesen Braten riechen müssen. Die Kirche befindet sich nicht auf der Route der Blumenstraße.«

»Gut. Sie haben ja recht. Das erklärt aber noch immer nicht, warum Sie sich so sicher sind, ihn heute im Schloss zu schnappen.«

Strohsack hob abwehrend die Hände. »Nur Geduld, Frau Zweig.« Er sah ihr einige Sekunden lang schweigend in die Augen. »Wissen Sie, wo wir sein letztes Opfer gefunden haben?«

»Soweit ich informiert bin, in Strallegg. Auch dieser Ort liegt an der Wanderroute Steirische Blumenstraße. Wenn ich mich recht erinnere, wurde die Gemeinde vor einigen Jahren zum schönsten Blumendorf der Steiermark gewählt.«

»Vor einigen Jahren ist gut. Das war 1984«, bemerkte Viktor Förster nach einem Blick in seine Unterlagen.

»Ist doch völlig egal, wann welcher Misthaufen welche Auszeichnung bekommen hat.« Strohsacks Stimme klang auf einmal gereizt und ungehalten. »Das lenkt uns nur ab. Viel wichtiger ist, dass wir in Strallegg unser viertes Opfer nahe der Kapelle zum Toten Mann 44 gefunden haben. Verstehen Sie, Frau Zweig?«

»Kein Wort, wenn ich ehrlich bin.«

»Manchmal wechseln die Täter auch die Opfertypen, haben Sie bei diesem Interview im Fernsehen über den Serienmörder behauptet, Frau Zweig.« Strohsack wandte sich ab und zeigte auf den Bildschirm. »Die Kapelle zum Toten Mann. Verstehen Sie?« Er machte eine kurze Pause, wartete sichtlich darauf, dass die Psychologin seinem Gedankengang folgte. Doch Barbara Zweig schüttelte den Kopf.

»So strengen Sie doch Ihre Fantasie ein bisschen an, Frau Zweig. Für unseren Täter ist es an der Zeit, den Opfertypus zu wechseln. Das heißt, er wird als Nächstes einen Mann auswählen.« Strohsack gähnte.

Barbara Zweig lag auf der Zunge, dass sie diese These für ziemlich an den Haaren herbeigezogen hielt. Doch sie schwieg, drehte stattdessen den Kopf ein wenig zur Seite und betrachtete den Monitor neben dem Bildschirm, auf den Strohsack soeben zeigte. Der Mann hatte inzwischen in einen anderen Raum des Schlosses gewechselt. Scheinbar aufwendig gefertigte Stuckaturen zierten nun das Deckengewölbe. »Ist er Ihr Lockvogel?«, fragte sie verwundert.

Strohsack nickte. »Ja! Er ist einer von uns.«

»Die Frage, warum Sie glauben, dass er ausgerechnet ins Schloss kommen wird, haben Sie mir noch immer nicht beantwortet. Allein, dass es an der Steirischen Blumenstraße liegt, ist meines Erachtens zu wenig. Da gäbe es noch einige andere Orte, die bis jetzt verschont geblieben sind.«

Strohsack lehnte sich in seinem Stuhl zurück, verschränkte die Arme hinter dem Kopf. »Sie sind der Schlüssel, Frau Zweig.«

»Ich?« Barbara Zweig legte ihre Stirn in Falten. »Ich verstehe nicht recht.«

»Er hat Sie bei Ihrer Wanderung angesprochen. Wo war das genau?«

»Das wissen Sie doch. Am Hirschbirnwanderweg in Pöllauberg 45. Aber das ist noch lange kein Grund …«

»Doch, das ist es. Ich habe lange gebraucht, bis ich begriffen habe, dass bei jedem Mord eigentlich Sie gemeint waren. Er hat wahrscheinlich, so wie ich, Ihr Interview gesehen und fühlte sich herausgefordert.«

»Warum hat er dann nicht mich ermordet, als sich ihm die Gelegenheit bot, sondern diese armen Frauen?«

»Hätte er Sie gleich erledigt, wäre doch das Spiel zu Ende gewesen.«

»Das Spiel? Das müssen Sie mir erklären.«

»Wir haben in der Nähe jeder Leiche eine Wildblume gefunden. Eine Mohnblume, eine Ochsenzunge, Gänseblümchen. Es sah jedes Mal so aus, als habe sie jemand achtlos weggeworfen. Doch wenn man bedenkt, dass Sie, Frau Zweig eine große Liebhaberin von Wildblumen sind – in Ihrem Garten wachsen ja reichlich davon – dann beginnt man die Sache mit anderen Augen zu betrachten. Und so bin ich zu der Erkenntnis gelangt: Er kennt Ihre Gewohnheiten. Er weiß, wo Sie wohnen, wann Sie arbeiten und wie lange. Kurzum: Er hat sich in Sie verliebt. Und seit wenigen Tagen weiß er, dass Sie sich Hals über Kopf in einen Mann verliebt haben und diesen heute Abend im Schloss Pöllau treffen, um die bevorstehende Hochzeit zu besprechen.«

»Ich habe was getan? Mich verliebt? In wen?«

Strohsack grinste. »Sehen Sie es als unvermeidbaren

Trick, den ich anwenden musste, um ihn zu kriegen. Aber der Gedanke, dass Sie sich einem anderen zugewandt haben, treibt ihn bestimmt in den Wahnsinn. Er muss handeln. Verstehen Sie? Er wird heute und jetzt versuchen, seinen Nebenbuhler zu töten.« Strohsack tippte mit dem Zeigefinger auf den Monitor, wo der Mann soeben direkt in die Kamera blickte.

Barbara Zweig lächelte sanft. »Ich bin beeindruckt. Sie zwingen ihn mit dieser Aktion tatsächlich, seinen Opfertyp zu wechseln, und zeitgleich schnappt die Falle zu.« In diesem Moment kam ihr ein Gedanke. »Was ist mit den anderen Räumlichkeiten?« Sie richtete ihre Frage diesmal an Viktor Förster. »Was ist mit den Menschen, die heute dort arbeiten. Wir haben Mittwoch. Meines Wissens sind das Tourismusbüro, die Bücherei und die Musikschule im Schloss untergebracht.« Ihr Blick wanderte wieder zu Strohsack. »Gibt es dort nicht auch ein Restaurant?«

»Wir haben an alles gedacht, Barbara«, beruhigte Viktor Förster. »Die Positionen im Tourismusbüro sind alle von unseren Leuten besetzt, und in der Musikschule gibt es heute offiziell wegen mehreren Krankheitsfällen keinen Unterricht. Das Schlossstüberl hat Ruhetag.«

»Wann, denken Sie, wird er zuschlagen?«

»Noch bevor Sie vermeintlich im Schloss auftauchen werden. Er glaubt, dass Sie mit Ihrem Freund um 18 Uhr verabredet sind, und er weiß auch, dass Ihr Verlobter schon zwei Stunden früher vor Ort sein will, um sich umzusehen.«

Die Psychologin schaute auf ihre Armbanduhr. »Das heißt, wir haben noch drei Stunden Zeit. Was halten Sie davon, wenn ich und Viktor hier Wache halten und Sie sich ausruhen. Sie sehen wirklich fertig aus. Wie lange haben Sie nicht geschlafen?«

»Fangen Sie schon wieder an?«

Sie hielt seinem Blick stand.

»Zwei Tage«, gab er schließlich zu.

»Sie müssen fit sein, wenn er kommt.« Barbara Zweig lächelte zufrieden. »Immerhin müssen Sie meinem Verlobten das Leben retten. Also legen Sie sich auf die Liege! Ich gebe Ihnen ein leichtes Schlafmittel.«

»Blödsinn. Ich fühle mich frisch und munter.« Er gähnte.

»Das ist keine Bitte, Herr Strohsack. Sehen Sie es als ärztliche Anordnung. Sie klappen mir sonst noch zusammen. Viktor und ich halten vor den Monitoren die Stellung. Ich verspreche Ihnen hoch und heilig, Sie sofort zu wecken, wenn sich die Kollegen von der Außenstelle melden und es losgeht.«

»Also gut. Aber nur eine Stunde. Sie wecken mich verlässlich in einer Stunde«, gab Strohsack nach.

»Versprochen!«

Der Chefinspektor legte sich auf die Liege und nahm die angebotene Schlaftablette. Viktor Förster starrte schweigend auf die Bildschirme und wartete.

Nach 20 Minuten meinte Barbara Zweig: »Sie können Ihre Kollegen rufen, ihm die Fesseln anlegen und ihn abtransportieren. Er schläft tief und fest. Vor morgen Früh wacht er sicher nicht mehr auf.«

»Und morgen beginnt die ganze Sache wieder von vorne?«, fragte Förster.

Die Psychologin nickte. »So wie jeden Tag. Er ist nun einmal fest davon überzeugt, Chefinspektor zu sein, und dass das hier sein Fall ist. Das Spiel müssen wir so lange spielen, bis er die Realität nicht mehr verdrängt. Er muss begreifen, dass in Wahrheit er selbst dieser gefährliche Serientäter ist, dem er hinterherjagt.«

»Warum müssen wir ihn dann jedes Mal von der geschlossenen Abteilung für Rechtsbrecher hierher in die Polizeiinspektion bringen? Was glauben Sie was passiert, wenn er abhaut?«

»Er wird nicht abhauen, solange er denkt, dass ihn seine Untergebenen von seinem Büro in die Einsatzzentrale bringen. Außerdem müssen Sie ihn nur jeden zweiten Monat herbringen.«

Förster schüttelte verständnislos den Kopf. »Wenn das nur gut geht. Aber sagen Sie, Barbara, hat sich das damals tatsächlich alles so abgespielt, wie er es nachspielt?«

»Ja, Viktor! Er hat tatsächlich mein Interview im Fernsehen gesehen, sich in mich verliebt und mich mit den Morden zu einem grausamen Spiel herausgefordert. Als der damalige Chefermittler die Sachlage erkannte, hat er sofort Kontakt zu mir aufgenommen. Die Angelegenheit im Schloss Pöllau zu beenden, habe ich damals gemeinsam mit den Ermittlern geplant. Und wie Sie sehen, ist es so ausgegangen, wie wir das wollten.«

Viktor Förster trat vor ihr in den Flur. Sie stand in der offenen Tür und warf einen langen Blick auf den schlafenden Harald Strohsack, dann zogen sie die Tür zu, und Förster gab den vier Polizisten das Zeichen, dass sie Harald Strohsack wieder mitnehmen konnten. Seite an Seite schlenderten sie Richtung Ausgang.

»Sobald er morgen erwacht, wird er wieder Spuren analysieren, Protokolle lesen, die Akten studieren und immer und immer wieder die alten Aufzeichnungen durchgehen. Wie ein richtiger Ermittler. In acht Wochen wird er Sie bitten, gemeinsam mit ihm die Aktion Schloss Pöllau durchzuziehen. Sie werden ihn herbringen lassen, ihm in der Abstellkammer der Polizeiinspektion die alten Bilder von der Vorbereitung zu seiner eigenen Verhaftung vorspielen. Dann wird er mich anrufen. Er wird mich bitten, zu kommen, und mit mir den Fall durchgehen, um mir das Täterprofil jenes Mannes, der seiner Meinung nach noch immer da draußen herumläuft, zu erklären. Kurz bevor die Falle zuschnappt, werde ich ihn auffordern, sich auszuruhen. Er wird sich auf die Liege legen, ich werde ihm ein Schlafmittel geben, so wie Sie und ich es in den letzten zwölf Monaten alle acht Wochen getan haben.«

»Wann hat das ein Ende?«

»Ich weiß es nicht. Vielleicht wenn die Erinnerung endlich seine Niederlage eingesteht. Bis dahin betrachten Sie es als Teil meiner Therapiestudie.«

37 Schloss Pöllau: Ehemaliges Kloster der Augustiner Chorherren. Gegenwärtig sind im sogenannten Schloss eine Schule, die Musikschule, die Bücherei, Seminar- und Ausstellungsräume, das Tourismusbüro und das ›Schlossstüberl‹ untergebracht. Die dazugehörige Barockkirche St. Veit wird wegen ihrer Größe und des Grundrisses auch ›Steirischer Petersdom‹ genannt.

38 Teufelstein: Hausberg (1.498 Meter Seehöhe) von Fischbach mit herrlicher Rundumsicht auf die östlichen Ausläufer der Alpen. Sagenumwoben der sechs Meter hoch aufragende gleichnamige Felsklotz, den Luzifer höchstpersönlich errichtet haben soll, um mithilfe eines Turms in den Himmel zu gelangen. Gilt zudem als ›Kalenderstein‹, der den Sonnenaufgangspunkt zur Wintersonnwende anzeigt.

39 Fischbach: Höhenluftkurort in den Fischbacher Alpen am Fuße des Teufelsteins, inmitten Roseggers Waldheimat, bereits dreimal zum schönsten Gebirgsblumendorf der Steiermark gekürt. Alpengasthof Schanz (1.160 Meter Seehöhe): Ausgangspunkt und Herberge für Wanderer entlang des Zentralalpenwegs, des Steirischen Mariazellerwegs oder auf den nahe gelegenen Teufelstein.

40 Wenigzell: Mitten im Joglland und an der Blumenstraße gelegen. Zahlreiche Wanderrouten, Barfuß-

park: Rundweg über unterschiedliche Untergründe, die barfuß beschritten werden. Essen und trinken auf der ›Bratl Alm‹ und in der ›Buchtelbar‹, die das gleichnamige Hefegebäck als Riesenbuchteln anbietet.

41 Miesenbach – Wasserwanderweg: 3,5 Kilometer langer idyllischer Rundweg entlang der Bachläufe in und um Miesenbach inmitten des Jogllandes an der Blumenstraße. Höhepunkte sind das kleinste Schaukraftwerk Europas und der längste Holzsteg im Joglland.

42 Taborkirche in Weiz: Ältestes erhaltenes romanisches Bauwerk, Wahrzeichen und Wappenbild der Stadt, 1188 dem Heiligen Thomas Becket von Canterbury geweiht. Noch prunkvoller: die hochbarocke Pfarrkirche am Weizberg.

43 Steirische Blumenstraße: Verbindet zehn mehrfach ausgezeichnete Blumendörfer miteinander, die meisten in der oststeirischen Region Waldheimat-Joglland gelegen. Alle zwei Jahre spektakulärer Blumenkorso in einer der Mitgliedsgemeinden samt Wahl der Blumenkönigin und ihrer Prinzessinnen.

44 Kapelle zum Toten Mann Strallegg: Wegkreuz auf dem Rundwanderweg Strallegg – Wildwiese – Toter Mann – Strallegg. Von der Wildwiesenwarte herrlicher Blick in die Oststeiermark bis nach Ungarn hinüber.

45 Pöllauberg – Hirschbirnweg: Pöllauberg und seine Wallfahrtskirche liegen (wie der Ort Pöllau) im Naturpark Pöllauertal. Rund um den Ortskern von Pöllauberg führt ein Weg durch die sogenannten Themengärten. Auch der Hirschbirnweg hat hier Station (‚Hirsch‹ kommt von ›Hirscht‹ und bedeutet Herbst.). Spezialitäten: Hirschbirnensaft, -schnaps, -most und -sekt, Schokoladen, Chutneys und Gelees.

Außerdem sehenswert:

46 Steirische Apfelstraße: 25 Kilometer lange Strecke zwischen Gleisdorf und Puch bei Weiz, auf der sich alles um den Steirischen Apfel dreht. Unbedingt probieren: den Abakus – weltbester Apfelschnaps, gebrannt von 15 ›Apfelmännern‹ nach uraltem Ritual und geheimem Rezept. Am letzten Sonntag im April wird in Puch das Apfelblütenfest gefeiert.

47 Teichalm – Sommeralm: Größtes zusammenhängendes Almweidengebiet Europas, seit 2006 mit dem Prädikat ›Naturpark Almenland‹ ausgezeichnet. Die Almochsen, die den Sommer über hier weiden, sind für ihre feine Fleischfaserung, zarte Marmorierung und würziges Aroma weithin bekannt.

WESTSTEIERMARK – SCHILCHERLAND (BEZIRK DEUTSCHLANDSBERG)

Mord im Flascherlzug

Günter Neuwirth

Er zog die Handbremse an und hob sich mühsam aus dem Wagen. Diese Hitze! Unerträglich. Selbst im Hochsommer nutzte er die Klimaanlage des Streifenwagens nicht. Gruppeninspektor Alfred Schandor reagierte hochgradig allergisch auf Kaltluftströme, schlagartig stellten sich tränende Augen und bohrende Migräne ein. Da er gleichzeitig auch gegen Warmluftströme empfindlich war und ganz schnell Nackenschmerzen und Ohrensausen bekam, konnte er beim Autofahren auch das Fenster kaum öffnen. So musste er die Hitze dulden oder, die wesentlich klügere Wahl, Autofahrten bei Temperaturen jenseits der 30 Grad unterlassen. Gerade darin hatte er im Laufe seiner vielen Jahre als Beamter der Bezirkspolizei eine stille Meisterschaft entwickelt, er ließ in der Regel die Jungspunde zu den Tatorten fahren, während er als ungekrönter Kaiser der polizeibehördlichen Schreibtische in seinem schattigen Büro saß, telefonierte, koordinierte und kalten Kaffee schlürfte.

Heute aber: Urlaubszeit, ein Toter im Flascherlzug 48, eine unvermeidliche Hitzefahrt. Verflixter Sommer.

»Servus, Fredi.«

»Habedieehre, Stefan. Was habt's ihr da für ein Schlamassel?«

Der Bahnhofsvorstand zeigte auf die bunt lackierten Waggons und die im Stillstand gemächlich vor sich hinschmauchende Dampflokomotive.

»Im ›Kräuterwagerl‹ sitzt der Tote, und seine Freunde sind in der ›Bergliesl‹. Im ›Höllerhansl‹ hocken die anderen Fahrgäste. Alle sehr schockiert.«

Schandor zog ein buntes Taschentuch aus der Hosentasche und wischte sich den Schweiß von der Stirn. »Zum Kuckuck, die Hitze bringt mich noch um. Ich will den Toten sehen.« Schandor nahm etwas Schwung, um seine beachtliche Leibesfülle auf die Plattform des historischen Waggons hochzuschwingen. Bahnhofsvorstand Stefan Strohmeier folgte dem Polizisten.

Seit 1971 verkehrte der berühmt-berüchtigte Flascherlzug zwischen Stainz 49 und Preding in Sachen Freizeitvergnügen. Berühmtheit erlangte der Zug, als sich in den dunklen Zeiten des frühen vorigen Jahrhunderts in den steirischen Landen die Kunde verbreitete, ein großer Wunderdoktor würde auf den entlegenen Hängen des Reinischkogels 50 die Krankheiten der leidenden Bevölkerung auf einen Blick erkennen können. Dazu brauchte der selige Höllerhansl, mit bürgerlichem Namen Johann Reinbacher, nur einen Blick auf einen Glasbehälter mit Urin werfen, gegebenenfalls auch daran schnuppern. Seine diagnostischen Erfolge waren so überzeugend, dass sich ein steter Strom an Leidenden, Gebrechlichen und Moribunden einstellte, die mit je einer Flasche Urin im Gepäck die seinerzeit abenteuerliche Reise in das ferne Rachling bei

Stainz antraten. Kritiker und Zweifler mochten damals im Stillen gedacht haben, wirklich kranke Menschen hätten die beschwerliche Fahrt mit der Schmalspurbahn und den stundenlangen Aufstieg vom Bahnhof Stainz in das hochgelegene Rachling niemals überlebt, und die Hypochonder, Scheinkranken und Wehleidigen hätten ihre eingebildeten Beschwerden beim Fußmarsch in der gesunden Luft der Weststeiermark schnell vergessen. Doch der Ruf des Wunderdoktors hallte so beständig, dass die schmalspurige Lokalbahn im Volksmund zum Flascherlzug mutierte. So war der Zug berühmt geworden.

In den 70er Jahren des vorigen Jahrhunderts kamen die pfiffigen Weststeirer auf die Idee, die wirtschaftlich völlig nutzlose Lokalbahn in eine Touristenattraktion umzuformen. So war der berühmte Flascherlzug auch berüchtigt geworden, denn statt der Urinflaschen wurden nun Weinflaschen transportiert, und während man früher gewissenhaft darauf achtete, sämtliche Flaschen verkorkt zu belassen, konnte man sich späterhin und bis heute nicht enthalten, die Flaschen eifrig zu entkorken.

Alfred Schandor öffnete die Tür und trat in das Innere des Waggons. Er tauchte in eine unverkennbar weststeirische Atmosphäre: Holz, Wein und Erbrochenes. »Alter Fuchs, was ist denn da losgewesen?« Schandor stürzte zum nächstgelegenen Schiebefenster und öffnete es. Er schnappte nach Luft, selbst wenn diese vor Hitze flirrte. Bahnhofsvorstand Strohmeier öffnete zwei weitere Fenster. Die beiden Männer standen Schulter an Schulter vor der Leiche, die mit verdrehten Augen und heraushängender Zunge auf einer der Holzsitzbänke halb saß, halb hing. Schandor stützte seine Fäuste in die rundlichen Hüften.

»Da schau her! Der Ewald Spari.« Damit war die Leiche behördlich identifiziert. Als Spross der Region kannte Schandor den Toten noch aus der Kindheit, nämlich seit der Zeit, als die jungen Burschen auf den abgeernteten Kürbisäckern Fußball gespielt und am Waldrand ihre ersten Raufereien ausgetragen hatten. Zu Füßen des Toten bildete der vormalige Mageninhalt des Genannten einen weingeistig ausdünstenden Ozean. Im ganzen Waggon lagen ungezählte leere Schilcher-Weinflaschen und Gläser herum.

»Der hat sich zu Tode gesoffen«, mutmaßte Strohmeier.

Schandor schob seine Dienstmütze in den Nacken und kratzte seine Stirn. »Schaut fast so aus.«

»Was sollen wir jetzt machen?«

»Ich telefoniere. Der Amtsarzt stellt die Todesursache fest.«

»Äh, das ist schon gemacht.«

Schandor zog erstaunt die Augenbrauen hoch. »Geh hör auf! Der Charlie war schon da?«

»Nein, der Sepp Markart ist zufällig im Zug gewesen. Er hat den Tod festgestellt.«

Jetzt warf Schandor seine Stirn in 1000 Falten. »Der Sepp ist Tierarzt.«

»Schon, aber immerhin ist er ein Arzt. Oder gilt das nicht? Weil ein totes Vieh oder ein toter Mann, wo ist da der große Unterschied? Hin ist hin.«

Schandor schnaufte vernehmlich. »Stefan, jetzt halt die Luft an und lass mich vorbei.«

Der Anruf an den Arzt war schnell erledigt, Doktor Karl Schmölzer hatte versprochen, in ein paar Minuten aufzutauchen. Er wohnte ja um die Ecke. Alfred Schandor betrat den rotlackierten Waggon mit den Namen Bergliesl. Der Name rührte von einer weiteren historischen Berühmtheit des Schilcherlandes [51], einer Frau, deren umfassende Kenntnisse der Kräuterkunde und ungewöhnliche Lebensgewohnheiten Legenden stifteten. Sieben Augenpaare starrten dem Polizisten entgegen, kein einziges mehr ungetrübten Blickes. Schandor hatte ja die leeren Flaschen gesehen. Zwei Stunden dauerte eine Fahrt mit dem Flascherlzug von Stainz nach Preding und wieder retour, und die Geschwindigkeit des Zuges sowie die Reize des Naturraumes Stainztal luden ja dazu ein, sich am Rebensaft zu ergötzen. Und in zwei Stunden konnte eine Handvoll Weststeirer eine erkleckliche Anzahl von Korken sammeln. Schandor setzte sich auf eine der Holzbänke, nahm die Uniformkappe ab und wischte erneut mit dem Taschentuch Stirn und Nacken trocken. »Hättet ihr euch nicht einen anderen Tag für eure Sauftour aussuchen können, verflixt noch mal. So eine Affenhitze.«

Konrad Scherübl zuckte mit seinen Schultern. »Wir haben uns den Tag nicht ausgesucht. Der Ewald hat die Fahrt organisiert.«

»Der Ewald also.«

»Ja, genau, der Ewald. Der hat ja immer alles organisiert.«

Gruppeninspektor Schandor ließ langsam seinen Blick von Antlitz zu Antlitz wandern. Na, die Burschen hatten ja respektabel geladen. Ob aus ihnen irgendetwas Sinnvolles herauszubringen war? »Jetzt sagt mir mal, was sich da abgespielt hat.«

Wie zu erwarten, holte Konrad Scherübl tief Luft. Das war ein Mann, dem seine Kollegen oft und gerne das Reden überließen. Nicht, weil er ein so blendender und geistreicher Rhetoriker war, sondern weil er seit Jugendtagen bestens darin geschult war, die Klappe aufzureißen, im Guten wie im Schlechten. In der Schulzeit gut, weil keiner war den Lehrern gegenüber so frech wie der Konrad, im Wirtshaus mitunter schlecht, weil selten jemand zu Wort kam, wenn Konrad am Tisch saß und die ersten zwei, drei Runden schon ausgeschenkt worden waren. »Eine große Party war los. Der Ewald hat die Kürbisbauern der Region zu einem Umtrunk eingeladen. Nach Feiern war ihm zumute, dem Ewald. Dem war oft zum Feiern zumute. Also hat er uns eingeladen und ein paar Flascherln spendiert. Und Verhackert. Und Breinwurst. Und Liptauer. Und Essiggurkerln. Sprich, eine Buschenschank auf Rädern. Na, hätten wir Nein sagen sollen, wenn der Ewald eine Runde schmeißt?«

Einhelliges Kopfschütteln der sieben Kürbisbauern im Waggon.

»Siehst du, Fredi, bei einer solchen Einladung sagt man nicht ab, nur weil man ein bisschen Kopfweh befürchtet. Nein, das gehört sich einfach nicht.«

»Ich verstehe. Und dann hat der Ewald halt ein Tröpfchen zu viel erwischt.«

Konrad Scherübl seufzte tief. »Der arme Teufel. So eine Freude hat er gehabt, seine Kollegen so fidel zusammengeführt zu haben. Na ja, da hat er halt etwas über den Durst getrunken.«

Alfred Schandor verzog leidend die Lippen. Diese Hitze. »Über den Durst? Ein echter Weststeirer? Einer, der direkt nach der Mutterbrust auf den Schilcher umgestiegen ist, trinkt über den Durst?«

Die sieben Kürbisbauern zuckten einhellig mit den Schultern.

»Wir können uns das auch nicht erklären. Vielleicht hat er was Schlechtes gegessen. Oder sich irgendwie verschluckt. Eine Tragödie ist das. Uns hat das wirklich hart getroffen. Ganz hart.«

Schandor fächelte sich mit der Dienstmütze etwas Kühlung zu. »Und das soll ich euch glauben?«

»Na warum denn nicht?«

»So wie ihr ausschaut, platzt ihr fast vor Freude, dass der Ewald Spari hin ist.«

Konrad Scherübl verzog leidend seine Miene. »Was soll denn das für eine Unterstellung sein? Unser Gastgeber verreckt uns vor den Augen, und du unterstellst uns da Schadenfreude. Das trifft mich hart.«

Schandor verschränkte seine massigen Arme. »Geh, Konrad, jetzt halt mich nicht für einen Narren. Ich kenne mich doch in der Gegend aus.«

»Was willst du damit andeuten?«

»Ist es nicht so, dass der Ewald Spari den Aufstieg vom Kürbisbauern zum Unternehmer geschafft hat?«

»Ja schon, aber heutzutage gibt's ja überhaupt keine Bauern mehr. Wir sind alle Unternehmer. Anders könnten wir ja wirtschaftlich gar nicht mehr überleben.«

»So viel zu den Slogans der Landwirtschaftskammer. Aber ist es nicht so, dass der Ewald euch mit seinen Geschäftsmethoden ganz gehörig unter Druck gesetzt hat?«

Die sieben Kürbisbauern schüttelten einhellig die Köpfe.

»Aber nein. Konkurrenz im freien Spiel der Marktkräfte belebt das Geschäft.«

»Ich kann mich erinnern, dass der Ewald sich in einem Interview sehr abfällig über die verkrusteten Strukturen unter den Kürbisbauern geäußert hat.«

»Daran kann ich mich nicht erinnern.«

»Er hat doch eine Ölmühle nach der anderen aufgekauft, und wenn er sie nicht kaufen konnte, hat er sie durch Dumpingpreise ruiniert.«

»Strukturbereinigung nennt man das.«

»Und was ist mit den Dutzenden Kleinbauern, die er entweder mit Knebelverträgen an sich gebunden oder deren Höfe planmäßig ruiniert hat?«

»Die Kleinbauern hören überall auf. Für die jungen Burschen ist es halt bequemer, im Büro zu sitzen als am Traktor.«

»Jetzt sag mir mal, lieber Freund, was es mit den Gerüchten auf sich hat, dass der Ewald tonnenweise Kürbiskerne aus China importiert hat?«

»Freier Waren- und Dienstleistungsverkehr! So funktioniert die Weltwirtschaft.«

»Ist es denn nicht so, dass ihr auf eurem qualitativ hochwertigen und teuren Kernöl sitzen geblieben seid?«

»Wir haben einen hohen Eigenverbrauch. Ein Salat ohne Kernöl ist für unsereins halt nicht denkbar.«

»Aber der Ewald hat nicht so einen hohen Eigenverbrauch gehabt.«

»Er hat eine schlimme Allergie gehabt.«

»Er hat doch seinem Scheißdreck Farbstoffe und Geschmacksverstärker beigemischt und im großen Stil als bestes steirisches Kernöl in ganz Europa verkauft.«

»Davon weiß ich nichts.«

Alfred Schandor seufzte vernehmlich. »Na gut, davon weißt du also nichts. Dann liege ich wohl völlig falsch.«

»Das glaube ich auch.«

»Jetzt sagt mir noch, warum da ein Trichter im Waggon liegt?«

Sechs Kernölbauern schauten strafend den siebenten an, der sich auf die Lippen biss. Kurz nur, dann waren ihre Mienen wegen des plötzlichen und tragischen Ablebens des erfolgreichen Agrarunternehmers Ewald Spari wieder sehr niedergedrückt. Just in diesem Moment fuhr der Wagen des Amtsarztes vor. Alfred Schandor erhob sich. »Ihr bleibt schön brav sitzen.«

»Wir rühren uns nicht von der Stelle, Fredi.«

»Das heißt Herr Inspektor, wenn ich bitten darf! Das ist eine Amtshandlung.«

Alfred Schandor kletterte vom Waggon und stapfte auf Karl Schmölzer zu, der sich aus seinem Wagen hievte, eine Zigarette anzündete und tief inhalierte. Amtsarzt Doktor Karl Schmölzer kam als Mediziner regelmäßig mit den Zivilisationskrankheiten seiner Mitmenschen in Kontakt, gerade aus diesem Grunde hielt er es für angebracht, bei 40 Kilo Übergewicht neben zehn Tassen Kaffee und zwei Flaschen Wein niemals auf 40 bis 50 Zigaretten pro Tag zu verzichten. Das Pensionssystem des Landes pfiff doch aus dem letzten Loch. Wer sollte da mit gutem Beispiel vorangehen, wenn nicht ein verantwortungsbewusster Mediziner? Die beiden Männer schüttelten einander die Hände. Alfred Schandor machte Doktor Schmölzer kurz mit der Lage vertraut, dann stiegen sie in den Waggon.

»Himmelherrgott, was für ein Gestank!«, rief Schmölzer entsetzt aus.

»Die Hitze macht es nicht besser.«

Doktor Schmölzer streifte Latexhandschuhe über und beugte sich über den Toten. »Mausetot.«

»Das hab ich mir schon gedacht. Aber warum?«

Doktor Schmölzer verrichtete ein paar professionell anmutende Handgriffe, sinnierte eine Weile. Über seine Schulter murmelte er. »Ist mir eigentlich wurscht.«

Schandor runzelte die Stirn. »Was soll das jetzt heißen?«

»Der Spari Ewald soll jetzt schön brav in der Hölle schmoren, der falsche Hund.«

»Charlie, bitte keine persönlichen Ressentiments während einer Amtshandlung.«

»Ich pfeife auf die Amtshandlung. Wenn einer hin hätte sein sollen, dann sicher der Ewald. Wunderbar, das hat sich jetzt auch erledigt.«

Schandor rollte mit den Augen und seufzte. »Dir wird er ja hoffentlich nicht das Geschäft ruiniert haben.«

Schmölzer blickte Schandor befremdet an und schüttelte erstaunt den Kopf.

»Wie hätte der Ewald mir das Geschäft ruinieren sollen? So ein Blödsinn. Meinen ersten VW-Golf hat er ruiniert. Damals, vor 20 Jahren. Oder ist das schon 30 Jahre her? Kinder, wie die Zeit vergeht. Während der Studienzeit hab ich wie ein Narrischer gespart auf das Auto.«

»Eine alte Rechnung also.«

»Und unbeglichen. Na ja, jetzt vergesse ich die Sache. Du, Ewald, dass du mein Auto ruiniert und dann noch Fahrerflucht begangen hast, das verzeihe ich dir. Schnee von gestern, alter Hut, vergeben und vergessen.« Schmölzer packte den Toten hart an der Nase und schüttelte heftig dessen Kopf. »Aber dass du mir seinerzeit die Heidrun ausgespannt hast, das trage ich dir noch bis in die tiefste Grube der Hölle nach, du Teufel!«

»Charlie!«, rief Schandor entsetzt. »Lass das sofort bleiben! Du bringst den Tatort durcheinander!«

Doktor Schmölzer befolgte die Anweisungen des Polizisten und trat drei Schritte zurück.

»Tatort? Wieso Tatort?«

»Na ja, da sind schon ein paar Fragen offen.«

»Ach so. Welche?«

»Na, da liegt ein Trichter am Boden.«

»Na und?«

»Und die Druckstellen am Hals des Toten.«

»Unauffällig.«

»Ich glaube, der Alkoholvergiftung ist tatkräftig nachgeholfen worden. Die haben ihn im Schwitzkasten gehalten und so viel Schilcher eingeflößt, bis er hin war.«

»Kann mir schlimmere Todesarten vorstellen.«

»Das ist kein Witz, Charlie! Das ist ein Mord im Flascherlzug!«

»Sind die Burschen noch da?«

»Ja.«

»Ich spendier ihnen eine Runde.«

»Jetzt halt die Goschen und schau, dass du verschwindest! Ich rufe die Spurensicherung.«

Doktor Schmölzer legte in einer freundschaftlichen Geste seine Hand auf Inspektor Schandors Schulter. Seine Miene war mitfühlend. »Fredi, jetzt steigere dich da nicht in irgendetwas hinein. Die Hitze, dein Blutdruck, du bist nicht mehr der Jüngste. Den Trichter braucht der Kellner vom Flascherlzug, um den Wein für die Touristen zu panschen, und die Druckstellen am Hals des Toten können auch von den unbequemen Sitzbänken herrühren. Du hast ja gesehen, wie er auf der Bank gelegen ist. Und ein Weststeirer kann an allem Möglichen sterben, niemals aber an einer Überdosis Schilcher. Das geht genetisch gar nicht.«

In diesem Moment stieß Heidrun Spari die Tür zum Kräuterwagerl auf. Die Ehefrau des Dahingeschiedenen starrte mit weit aufgerissenen Augen auf die übel ausdünstende Leiche. Ihre Augen füllten sich mit Wasser. Alfred Schandor griff der kostspielig bekleideten Dame unter die Arme. »Heidrun, warum bist du zugestiegen? Das ist kein schöner Anblick. Tut mir schrecklich leid. Das ist alles eine Tragödie. Mein Beileid.«

Tränen kullerten der Frau über die Wangen. Schandor befürchtete jederzeit eine Ohnmacht oder zumindest einen Weinkrampf. Heulende Frauen, das hielten seine Nerven kaum aus, das war das Schwerste in seinem Beruf.

Heidrun Spari brach in schallendes Gelächter aus. Keine Tränen des Schmerzes, vielmehr Tränen unendlicher Erleichterung und nicht geringer Erheiterung. Doktor Schmölzer steckte sich vergnügt eine Zigarette an.

»Endlich ist die Kröte hin! Endlich. Eine Tragödie ist, dass das nicht alles schon vor zehn Jahren passiert ist.«

»Sag bloß, du hast was gegen deinen Ehemann gehabt.«

»Das war kein Ehemann, das war ein Ferkel. Was der alles von mir verlangt hat! Ich erspare euch die Details. Ekelhaft. Charlie, gib mir eine Zigarette. Seit 16 Jahren rauche ich nicht mehr, aber heute muss ich eine qualmen. Ich lade euch alle ein! Heute schmeiße ich eine Party! So eine Riesenfreude!«

In jungen Jahren hatte Heidrun Spari, damals trug sie noch ihren Mädchennamen Pollanz, dreimal hintereinander die Wahl zur Weinprinzessin gewonnen und war als von der Natur überaus großzügig beschenktes Modell für eng sitzende Dirndlkleider unzählige Male fotografiert worden. Sie hatte sich damals vielleicht etwas leichtfertig an den aufstrebenden Geschäftsmann Ewald Spari verschenkt. Der Mann war nicht zuletzt deshalb zu Vermögen gekommen, weil er mit den Jahren ein geradezu pedantischer Geizkragen geworden war.

Heidrun Spari ließ sich von Doktor Karl Schmölzer eine Zigarette anzünden, dabei kokettierte sie mit ihm und kicherte lebhaft zu seinen schlüpfrigen Witzen. Dann setzte sie die Miene der vor Kummer und Trauer geknickten Ehefrau auf, ließ sich von Doktor Schmölzer beim Aussteigen stützen, trat vor die versammelte Menge von Schaulustigen und zerdrückte die eine oder andere Träne. Als junge Frau hatte sie, um ihrem Status als Weinprinzessin zu entsprechen, mehrere Wochen intensiven Schauspielunterricht genommen.

Alfred Schandor schlurfte in den nächsten Waggon zu den wie versprochen trotz der Hitze ausharrenden Kürbisbauern. Kraftlos ließ er sich neben Landwirt Konrad Scherübl auf die Holzbank sinken.

»Na geh, Fredi, lass den Kopf nicht hängen. Es wird schon werden. Wirst sehen, jetzt, wo die Heidrun Witwe ist, wird sie dich bestimmt auch einmal fensterln lassen.«

Schandor wischte zum wiederholten Male den Schweiß von seiner Stirn. Er drehte seine Dienstmütze in der Hand und schaute entkräftet zum Fenster hinaus in den blauen Sommerhimmel über dem Stainztal. »Alle sind glücklich«, murmelte er sinnierend in die flirrende Luft.

»Nur du bist es nicht«, sagte Konrad Scherübl und tätschelte Schandors Knie.

»Habt ihr gewusst, dass mir der Ewald einmal eine Beförderung vermasselt hat?«

»Geh hör auf! Das hab ich nicht gewusst.«

»Das war so …«

»Wie war das? Erzähl uns die Geschichte, Fredi.«

Alfred Schandor winkte träge ab. »Ist eh schon wurscht. Aber eines müsst ihr mir noch sagen.«

»Was denn?«

»Habt ihr es wegen seines vielen Geldes getan? Oder wegen seines schlechten Charakters?«

Konrad Scherübl räusperte sich. »Weder noch.«

»Wegen der chinesischen Kürbiskerne?«

Die sieben Bauern schüttelten einhellig die Köpfe.

»Die chinesischen Kerne sind ja ein alter Hut. Er hat uns das genau erklärt, der Angeber. Er hätte nicht so großspurig daherreden sollen, der Lump. Die chinesischen Kerne bringen zu wenig Rendite, hat er gesagt. Ja, die Chinesen produzieren die Kürbisse zwar billig, weil bei denen die Wanderarbeiter fürs Leben und fürs Sterben zu wenig verdienen. Kein Witz, die müssen weiterarbeiten, weil ein Begräbnis können sich die gar nicht leisten. Aber die Amerikaner haben die Chinesen jetzt überholt.«

Schandor runzelte die Stirn. »Willst du sagen, dass die amerikanischen Landarbeiter jetzt weniger verdienen als die chinesischen?«

»In Amerika gibt es gar keine Landarbeiter oder Bauern mehr. Der Ewald hat uns das genau erklärt, er war ja in den letzten zwei Jahren oft in den USA.«

»Ich kenne mich jetzt gar nicht mehr aus.«

»Gentechnik, Fredi, Gentechnik. Die Amerikaner essen wahnsinnig gern Kürbiskuchen. Dafür brauchen sie aber nur das Fruchtfleisch, die Kerne verfüttern sie an die Schweine. Da hat der Ewald eingehakt. In jedem Fall haben die amerikanischen Wissenschaftler Kürbisse gentechnisch so verändert, dass die jetzt auf jeder Sondermülldeponie wachsen, dreimal so groß werden wie unsere guten steirischen Kürbisse, so viele Kerne haben, dass du damit praktisch unbegrenzt Öl pressen kannst, und die gegen Schädlinge vollkommen resistent sind, weil die Wurzeln und Blätter der Pflanzen Drüsen besitzen, die pausenlos 17 verschiedene Pestizide absondern. Wenn man einmal die Kürbissorte ›Mississippi Terminator‹ auf einem Acker pflanzt, braucht man fünf Jahre lang nicht mehr Gift spritzen. Der Boden ist getränkt, da rührt sich gar nichts mehr.«

»Und die Sorte wollte der Ewald in der Steiermark anpflanzen?«, fragte Schandor entgeistert.

»Das nicht. Das wäre aufgefallen, weil die Kürbisse vernichten ja sämtliche anderen Pflanzen im Umkreis von ein paar 100 Metern. Und Insekten gibt's dann auch keine mehr. Bei den Amerikanern fällt das gar nicht auf, da ist eh schon alles hin. Containerweise wollte er die Kerne kaufen, hier pressen und als erstklassiges Kernöl verkaufen lassen. Super Rendite, hat er gesagt, damit würde er der weltgrößte Kernölproduzent werden, er könnte sich den vierten Porsche und die zweite Yacht kaufen. Der Ewald ist komplett durchgedreht.«

Die sieben Kürbisbauern nickten einhellig.

»Und da habt ihr sozusagen im Sinne der urtümlich steirischen Landwirtschaft ein paar Flaschen Schilcher entkorkt.«

»Der Ewald hat doch so einen großen Durst gehabt. Sollten wir ihn auf dem Trockenen sitzen lassen?«

Schandor seufzte tief. »Na dann schreiten wir also zur Tat.« Gruppeninspektor Alfred Schandor erhob sich mühsam, ächzte, weil die Bandscheiben wieder einmal schmerzten, und setzte sich die Mütze auf. Die sieben Kürbisbauern starrten den Polizisten an.

»Was willst jetzt machen, Fredi?«

Schandor zuckte mit den Achseln. »Das, was in einem solchen Fall zu tun ist.«

»Und das wäre?«

»Na, zuerst einmal setze ich mich irgendwo in den Schatten und trinke eine gut gekühlte weiße Mischung, dann esse ich eine Kleinigkeit, dann gehe ich in die Wachstube und schreibe den Bericht. Nach Dienstschluss nehme ich eine kalte Dusche und abends öffne ich eine Flasche Schilcher.«

»Und …«

»Und was?«

»Na du weißt schon.«

Alfred Schandor zuckte mit den Achseln. »Was kann ich dafür, wenn der Ewald Spari sich um Kopf und Kragen säuft? Wahrscheinlich hat er was Falsches gegessen.«

FREIZEITTIPPS BEZIRK DEUTSCHLANDSBERG:

48 Flascherlzug: Museumsbahn zwischen Stainz und Preding. Im Tempo zum (von der Bahnverwaltung während der Fahrt verbotenen) Blumenpflücken erschließt sich einem das schöne Stainztal.

49 Schloss Stainz: 1229 ließ Leuthold von Wildon oberhalb von Stainz eine Kirche errichten, im 16. Jahrhundert wurde ein Stift daraus, 1840 erwarb Erzherzog Johann das Stift und machte daraus ein Schloss. Seither im Besitz seiner Familie, der Grafen von Meran. Interessante Architektur, Jagdmuseum und viele Veranstaltungen.

50 Reinischkogel: Hausberg der Grazer Wanderer für gemütliche oder sportliche Touren in wunderbaren Wäldern. Auch gastronomisch gut erschlossen.

51 Schilcherland – Schilcher Weinstraße
Beim Befahren der Straße zwischen Ligist und Eibiswald quer durch das Land an der Koralm empfiehlt es sich, auf den übermäßigen Genuss von Schilcher zu verzichten, sofern man am Steuer sitzt. Beifahrer hingegen sollten den typischen Roséwein aus der Blauen Wildbacher Traube auf keinen Fall verpassen. Achtung: Schilcher MUSS säuerlich sein!

Außerdem sehenswert:

52 Bad Gams: Schwer vorstellbar, ein Dorf in vergleich-

bar reizvoller Landschaft zu finden. Bad Gams hat Charme und Heilwasser. Im Sommer kann man im Freibad (›Gamsbad‹) abtauchen.

53 Brendlhütte: Eine tolle Rundumsicht ins Land bietet die Schwanberger Brendlhütte (1566 m), Ausgangspunkt für Wanderungen zum Großen Speikkogel (2141 m), dem höchsten Berg der Koralm. Gehzeit: 2 ½ Stunden

54 Weinebene/Hebalm: Schifahren auf der Koralm in den Schigebieten Weinebene und Hebalm. Lifte und Schneekanonen, falls der Wettergott kein Verständnis für des Österreichers liebste Art des Beinebrechens zeigt.

55 Schwarze Sulm: Ökologisch intaktes Flussgebiet, das man eigentlich hier gar nicht erwähnen dürfte. Besser ist es nämlich, wenn keine Touristen oder Kraftwerkbauer an der Schwarzen Sulm Dreck und Lärm machen. Ein Naturjuwel!

56 Burg Deutschlandsberg: Burg (mit Hotel und Restaurant) oberhalb der gleichnamigen Bezirkshauptstadt. Sehenswertes über die Kelten und das beliebte mittelalterliche Foltern im Burgmuseum ›Archeo Norico‹. Schön auch der Fußmarsch durch die Laßnitzklause.

57 Soboth: Bergdorf auf 1.070 Meter Seehöhe, inmitten endloser Wälder gelegen. Ein Besuch des Sobother Stausees lohnt allemal. Motorradfahrer sollten

auf der beliebten Passstraße nach Kärnten die nötige Vorsicht walten lassen.

58 Koralm Kristall Trail: 75 Kilometer langer Wanderweg über die Berge des Koralm-Stubalm-Gebiets. Wanderer mit langem Atem sehen die Höhenlagen an der Grenze von Kärnten und der Steiermark.

REGION GRAZ (BEZIRK GRAZ UMGEBUNG)

Unter dem dichten Dach des Waldes

Robert Preis

1.

Unter dem dichten Dach des Waldes verlor der Regen seine Richtung. Es fühlte sich an, als käme er von allen Seiten.

Wie aus einer überirdisch großen Sprühflasche herabgelassen auf die Welt. Die Feuchtigkeit kroch unter Kleidungsstücke. Und ließ alles frieren. Mensch und Tier.

Unten, auf dieser vom tagelangen Grauwetter durchtränkten miesepetrigen Welt, lachte und tollte eine Gruppe Jugendlicher aufgekratzt entlang der Mauer herum. Die Burg Rabenstein 59 wurde vor Jahren von einem Unternehmer gekauft, der das 900 Jahre alte Gemäuer mit Millionensummen vor dem Verfall rettete. Sogar ein Lift führte vom Parkplatz der Burg bis auf den Felsen hinauf. Der Preis dafür war ein Dornröschenschlaf, denn jahrelang stand die Burg nur noch für exaltierte Hochzeiten, elitäre Musikzirkel und protzige Firmenjubiläen zur Verfügung. Bis 2015 – da öffneten sich ihre Tore wieder von Donnerstag bis Sonntag. Heute war Mittwoch. Das hieß: Keine schreienden Kinder, die sich mit herumliegenden Ästen im Burghof Fechtduelle lieferten. Die Forststraße, die durchs Haupttor in den Innenhof der Anlage führte, war ausschließlich Lieferanten zugänglich. Ein Schranken verschloss diesen Weg. Ein Schranken, der mit Motorrädern leicht zu umfahren war. So war auch die Gruppe Jugendlicher von Frohnleiten gekommen und über Adriach mit heulenden Motoren bis vor das von Buchen und Buschwerk flankierte Burgtor gekommen.

Kichernd liefen sie nun ums Gemäuer. Die beiden jungen Männer griffen nach abgebrochenen Zweigen im Gebüsch und simulierten einen Schwertkampf, die Mädchen kletterten durchs Unterholz auf die Südseite der Anlage, bis sie zu einem schmalen Weg gelangten, der an einem weiteren verschlossenen Tor endete.

»Mein Vater sagt, dieser Weg ist noch im Originalzustand«, erklärte einer der Burschen, die nun aufgeschlossen hatten. »Das war die Mautstraße von Graz bis Frohnleiten. Die Leute mussten hier durch, erst danach durften sie weiter und gelangten zur nächsten Brücke.«

Skeptisch betrachteten die Mädchen das Tor. Es war schmal und machte nicht den Eindruck, als würde ein von Pferden gezogenes Gespann hindurchpassen.

»Aber die größeren Fuhrwerke sind sicher unten vorbeigefahren.«

Der Junge schüttelte den Kopf. Groß und hager mit blonden Stirnfransen, die ihm auf die rote Nase fielen. »Nein, weil früher die Mur bis an den Felsen heranreichte. Die Straße und der Parkplatz da unten wurden erst viel später gebaut.«

Die Mädchen hakten sich bei ihm unter und riefen anerkennend: »Jawohl, Herr Professor«, und der zweite grobschlächtigere Mann verpasste ihm einen kräftigen Hieb auf die Schulter. »Stell dich und kämpfe, verdammter Klugscheißer!«

Die Gruppe lachte, umarmte einander, trug sich gegenseitig huckepack durch den Wald. Ausgelassenes Johlen und Kichern.

Eines der Mädchen rief plötzlich, »Da, das Tor steht ja offen!« Sekunden später standen die vier im Innenhof der Burg.

»Geil, die haben wirklich vergessen, das Tor zu schließen. Alter, das ist wie früher hier drinnen. Seht nur die Scharten und die Glocke über dem Tor und die …«

»Jaja, Herr Professor, hör auf zu plappern und stell dich!«

Die Burschen kämpften wieder, die Mädchen umarmten sich ausgelassen. Irgendwann liefen sie wieder hinaus, verließen das Anwesen und stolperten lachend zurück zu ihren Motorrädern.

Vier Zweiräder. Dampfende Auspuffe im regnerischen Dunst, der sich im Wald verlor. Noch bis zur ersten Kurve hörte man ihre Stimmen und das Heulen der Motoren. Einer fuhr absichtlich in Schlangenlinien, eines der Mädchen hatte beide Füße schon am Boden, weil sie wegen ihm bremsen musste, und wäre fast gestürzt. Es ging alles gut. Sie verschwanden um die nächste Kurve.

Die Erde war durch den bis vor wenigen Tagen warmen Frühling aufgeheizt, und so löste der kalte Regen seltsame Wolkengebilde über dem Boden aus. Nebelschwaden, die zwischen der Murböschung und den Gärten der verstreuten Häuser der Umgebung hindurchdrangen.

Kaum eine halbe Stunde später hebt sich der Schranken, und ein Kastenwagen rattert den Forstweg hinauf. Auch das Burgtor öffnet sich für den Wagen. Nachdem der Lenker den Zündschlüssel gedreht hat und das Motorengeräusch erstirbt, kehrt die Stille in den Wald zurück. Grabesstille. Der Mann beginnt zu pfeifen. Er greift sich das Klemmbrett mit der Lieferbestätigung für das Catering der Veranstaltung heute Abend, öffnet die Fahrertür und steigt aus. Knirschende Schritte auf dem Kies, während er auf den Osttrakt zugeht. Dorthin, wo die Büros liegen. Zuerst wird unterschrieben, dann die Ware geliefert. Doch diesmal wird nichts geliefert. Das Pfeifen verstummt. Die Kiesgeräusche auch. Das Klemmbrett fällt zu Boden.

2.

Seine Freunde nannten ihn den Grafen, weil er die Angewohnheit hatte, nasal zu sprechen, sobald ihm jemand zuhörte. Außerdem war er bis auf den Oberlippenbart und die breiten Koteletten stets glatt rasiert, roch nach scharfem Rasierwasser und trug sein Nackenhaar immer exakt und kurz geschnitten, kein Haar ragte aus Nase oder Ohren. Blau wie Stahl waren seine Augen, schmal und blutleer die Lippen, jedoch so geschwungen, dass sie zum Küssen gut sein mussten. Ob sie es waren, wagte er selbst allerdings kaum abzuschätzen, denn er hatte es zum letzten Mal vor Jahren getan. Seine Lippen auf die eines anderen Menschen gedrückt. Er hatte sich scheiden lassen. Seither keinen Mut mehr gehabt, eine Frau anzusprechen. Einen Mann erst recht nicht. Das hätte er gern einmal ausprobiert. Seine Mundwinkel zuckten.

»Franz«, sprach ihn jetzt eine heisere Stimme an. Sie gehörte seinem Kollegen Landerdinger. Der war das Gegenteil von ihm. Auf sein Äußeres keinen Wert legend, etwas zu füllig – und verheiratet, mit Kindern, Haus, Schulden und einem dauerhaften Lächeln im Gesicht. Einem Lächeln, das so gar nicht in sein Portfolio passte, ihm aber zugegeben gut stand. Wie konnte einer wie Landerdinger lächeln? Mit so viel Verantwortung. So vielen Elternsprechtagen. Einem so untrainierten Körper.

»Frau-unz«, wiederholte Landerdinger ungeduldig. »Die Grazer sind unterwegs, hast du gehört?« Er wischte durch die Luft. »Obwohl, das kann eh dauern bei denen. Hat geklungen, als hätt ich sie beim Essen gestört. Bis die also da sind, ist eine Stunde um. Locker. Es sei denn, die nutzen wieder einmal die Gelegenheit und fahren mit allem Pipapo durch die Stadt. Weißt eh, Blaulicht und Sirenen und so.«

»M-hm«, machte der Graf. Er hatte keine Lust, darauf etwas zu erwidern. Bloß kein Gespräch in der Art, wie dämlich die Grazer doch sind. Ja, er war aus Frohnleiten, aus Laufnitzdorf, um genau zu sein. Geerbtes Elterhaus direkt hinter der Lärmschutzwand der Pyhrnautobahn, über die die Grazer immer nach Norden zum Wandern und Schifahren rasten. Aber deshalb musste man ja nicht gleich auf die Stadtleute losgehen. Das war so klischeehaft wie in einem schlechten Film. So klischeehaft wie jedes zweite Gespräch am Frohnleitner Markttag. Und mit dem Landerdinger. Der schnaufte jetzt durch die Nase, als fiele ihm gerade ein Witz ein: »Und was glaubst, wen sie uns heraufschicken?«

Der Graf zuckte mit den Schultern. »Weiß nicht.«

»Kennst du ein paar von denen? Ich kann mich nur an einen Dicken erinnern. So einen Zwideren. Aber das ist schon Jahre her. Den gibt's wahrscheinlich gar nimmer.«

Weil der Graf nichts zum Gespräch beitrug, fuhr Landerdinger motiviert fort. »Das war damals auch die letzte Leich, die ich gesehen hab. Weißt eh, der Grundner Franz, der sich in die Mur lassen hat und dann beim Kraftwerk im Sieb aufgefangen worden ist.« Er zog durch die Nase auf. »Grauslich war das.« Er betrachtete das Fuchsgehege. »Fast so grauslich wie das hier.«

Die Leiche lag immer noch zehn, 15 Meter vom Zaun entfernt. Der Fuchs, der bereits an ihr genagt hatte, war verschwunden. Wahrscheinlich fürs Erste satt gefressen. Fast hätte sich der Graf gewünscht, er tauchte wieder auf. Dann hätte er einen Stein nach ihm werfen können. Oder ihn erschießen. Ja, bei einem Menschen hätte er Skrupel. Aber wenn so ein Scheißfuchs käme und an der Leiche knabberte, dann könnte er für nichts mehr garantieren. Das Biest würde aussehen wie durch den Fleischwolf gedreht.

Der Besitzer des Zoos hatte versprochen, bald zurück zu sein, er wollte nur sichergehen, dass kein Besucher hereinkommt. Der Ökopark Breitenau 60 war schließlich ein Ort, der die Tierwelt präsentierte und keine Leichen.

»Ich tät am liebsten reingehen und das Biest abknallen«, stellte Landerdinger fest. Der Graf nickte grimmig und wandte seinem Kollegen jetzt zum ersten Mal seit Minuten das Gesicht zu. Manchmal gefiel ihm Landerdinger sogar. Nicht optisch natürlich, nur das, was er sagte. Die Leiche vor ihnen starrte in den Himmel, mit ausgebreiteten Armen.

Aufgerissene Augen. Offener Mund. Als wenn sich jemand in die Wiese legt und stirbt. Auf Knopfdruck. Was friedlich klingt, sieht grauslich aus. Der Graf schaudert. Die Leiche schaut aus, als habe sie gerade etwas sagen wollen. Wie unfair vom Tod. So mitten drinnen im Moment. Im Leben.

Die Leiche war ein Angestellter des Tierparks. *War* sie oder *ist* sie ein Angestellter? Der Graf grübelt. Eine Leiche *ist* immer, oder? Sie *war* nicht. Sie *ist*. Er schüttelte den Kopf: Wieso ist immer alles so kompliziert?

»Org, gell?«, konstatiert Landerdinger, der das Grübeln des Grafen bemerkt.

»Ja, org«, stellt der Graf fest.

Er denkt sich: entweder Herzinfarkt oder sonst was. Normalerweise. Nur komisch, dass neben der einen Leiche noch eine zweite liegt. Ja. Noch eine Leiche.

Zwei Leichen mit Herzinfarkt? Kann ja wohl nicht sein. Deshalb die Kriminalpolizei. Deshalb das Warten.

Er geht da sicher nicht rein. Wegen den Spuren natürlich. Und wegen dem Fuchs sowieso. Vielleicht ist das Biest tollwütig. Sicher sogar.

Das Funkgerät knackt. Ein Wortwechsel.

Der Graf schaut Landerdinger an, und das Blut rinnt ihm aus dem Gesicht. Ganz weiß ist er plötzlich, als er sagt: »Das gibt's jetzt aber nicht wirklich, oder? Die Burg? Das sind ein bisserl viel Leichen für einen Tag.«

3.

»Die Letzten? Die Letzten, Guido erinnerst du dich, wer waren die Letzten? Oder die Ersten? Wer waren die Ersten?«

Armin Trost seufzte und bedeutete dem Kollegen aus Frohnleiten, Landerdinger hieß er, die Frau fortzuschaffen. Sie hatten sie im Innenhof angehalten. Da war sie hysterisch schreiend im Kreis gerannt. Zerzaustes Haar. Speichel in den Mundwinkeln. Schock. Sie hatte die Leiche gefunden.

Sanft legte ihr Landerdinger einen Arm um die Schulter und geleitete sie ein paar Meter zur Seite. Er ging mit ihr auf den Rettungswagen zu, der im Hof der Burg parkte, und warf Trost noch einmal einen Blick zu. Landerdinger war von der Geschwindigkeit der Kriminalpolizei letztlich doch beeindruckt, denn sie waren fast gleichzeitig hier angekommen. Der Graf und Landerdinger von der Teichalm, die Kripo aus Graz.

Der Dicke, an den er sich noch von früher erinnerte, war nicht dabei, dafür dieser Trost, der Chef der Truppe, den er mehr aus der Zeitung kannte als aus dem echten Leben. Verrückter Kerl, der ständig Großeinsätze auslöste. Alleingänger. Keiner, mit dem man auf ein Bier ging. Viel besser war, was Trost mitgebracht hatte. Diese unfassbar attraktive Frau an seiner Seite. Wahrscheinlich die schönste Beamtin, die Landerdinger jemals zu Gesicht bekommen hatte. Lemberg hieß sie, Anette Lemberg. Er würde diesen Namen nie wieder vergessen. Oh Gott, und er hatte eine Familie. Mit hochrotem Kopf ging er mit der

Frau, die immer noch wirres Zeug stammelte, zum Rettungswagen.

Die Leiche lag auf dem mit einem Gitter abgedeckten Brunnen, auf dem Bauch, Arme und Beine auseinander gestreckt, als sei der Mann mitten in einem Tanz umgefallen.

»Müssen starke Kerle gewesen sein, die ihn überwältigt haben«, hatte Landerdinger gesagt, noch bevor sie ausgestiegen waren. Dann hatte er aufgelacht. »Und depperte.«

Der Graf hatte die Stirn gerunzelt.

»Warum?«

»Na, die wollten ihn doch offensichtlich in den Brunnen werfen und haben zu spät bemerkt, dass da ein Gitter drüberliegt. Dann sind sie fort. Deppert halt.«

Landerdinger machte das immer. Immer, wenn er wohin kam, analysierte er die Situation, noch bevor er die Befragungen startete. »Das ist halt bei mir so«, stellte er fest. »Wie bei den Krimis im Fernsehen. Da weiß ich auch immer schon vorher, wer der Täter ist.«

Trost blickte Landerdinger nun nach, wie er die arme Frau fortbrachte. Erst als sie außer Hörweite waren, wandte er sich wieder dem zuvor angesprochenen Guido zu, dem Verwalter des Anwesens, der sich als Burgvogt vorgestellt hatte.

»Sagt man das so? Burgvogt?«

Guido schaute auf. »Wie? Ja natürlich, das ist korrekt.«

Trost nickte. »Ja, korrekt. Aber sagt man das noch so?«

»Wir sagen jedenfalls so, ja.«

Wieder nickte Trost. »Aha, *Sie* sagen so.«

Der Graf scharrte unteressen mit den Füßen und streckte seine Brust heraus. Er hatte dieses Problem mit dem Fremdschämen, und im Augenblick schämte er sich für Trost, weil der auf diesem Burgvogt so herumritt, als führe das zur Lösung des Falls. Wie Landerdinger kannte auch er Trost vorwiegend aus Zeitungsberichten und von Erzählungen der Kollegen. Demnach war mit diesem Kripo-Chef aus Graz nicht klarzukommen. Niemand würde es laut aussprechen, aber hinter vorgehaltener Hand hielt man Armin Trost für verrückt. Mindestens.

Aus der Nähe betrachtet musste der Graf zugeben, dass diese Beschreibung zu kurz griff. Trost war vielmehr wie ein Rätselheft. Ein buntes. Noch dazu mit einem hübschen Cover.

Der Graf räusperte sich, so hoffte er, diskret: »Sollten wir nicht fortfahren, Herr Trost?« Dabei konnte er nicht umhin, Lembergs Beine mit einem Blick zu streifen.

Verdammt, er wusste nicht, wohin mit den Augen. Trost oder die Frau.

Seine Blicke schweiften hin und her und irgendwann konzentrierte er sich darauf, wegzuschauen. Weg von beiden.

Dafür sahen sich Trost und Lemberg kurz an.

»Herr Kollege«, richtete nun Annette Lemberg zum ersten Mal das Wort an den Grafen, »wären Sie so freundlich und kümmerten sich bitte darum, dass die Straße am Fuß des Berges abgesperrt wird.«

»Aber …«

Als Trost nun den Kopf hob und ihn fixierte, setzte sich der Graf die Kappe auf, machte ein beleidigtes Gesicht und lief davon. Auch er mit hochrotem Kopf. Scheiß auf dieses Cover, dachte er. Und scheiß auf diese Beine.

Guido der Burgvogt seufzte, und Trost blickte an ihm vorbei auf das Eingangsportal der Burg. Wenn man hier durchging gelangte man zwei Stockwerke höher in den berühmten Rittersaal, einen Prunkraum, in dem die alljährlichen Serenaden abgehalten wurden. Kammermusik für rund 100 Besucher, eine kulturelle Finesse, die ihresgleichen bis nach Wien suchte. Und nicht fand.

Doch so weit würde man im Augenblick gar nicht kommen. Vor dem Eingangsportal der Burg befand sich nämlich besagter Brunnen. Und darauf besagte Leiche. Sie musste im Vorübergehen überwältigt worden sein. Erste Regentropfen spritzten auf ihre Pupillen. Auf die Nasenspitze. Die Lippen.

Der Burgvogt krempelte den Kragen hoch und zog durch die Nase auf. »Eine Gruppe Jugendlicher war hier, das wollte Frau Rothdeutsch zuvor sagen.«

Trost hob eine Augenbraue.

»Na, dieses die *Letzten-*, *die Ersten-*Zeug, was sie gestammelt hatte. Damit meinte sie wahrscheinlich diese Jugendlichen oder die Lieferanten. Was weiß ich. Wir haben für Besucher jedenfalls nicht geöffnet, aber die Tore standen offen, weil wir eben Lieferanten für eine Firmenfeier heute Abend erwarteten. Die Jugendlichen fuhren im Kreis um die Burg, irgendwann kamen sie rein. Und irgendwann waren sie wieder weg. Frau Rothdeutsch ging hinunter. Da lag der Mann auf dem Boden. Ich kenne seinen Namen nicht.«

Trost hockte sich neben die Leiche und murmelte. »Irgendwann hier, irgendwann fort, gehen die Zeitangaben auch exakter?«

»Ja, also es war …«

»Schon gut, das geben Sie nachher alles zu Protokoll. Aber genau, bitte. Die Leiche ist also ein Lieferant, den Sie bestellt haben.«

»Wie gesagt, wir erwarten einige Leute, haben auch Handwerker im Haus. Böden sind zu machen. Die Lampen. Mit dem Brunnenschacht war irgendetwas. Ja, irgendwas ist immer zu tun auf so einem Anwesen.«

»Irgendwas, ja. Sie sind kein präziser Mensch, nicht wahr?«

»Wie bitte? Was soll …«

»Schon gut, bitte nicht widersprechen. Annette, bitte führ den Herrn zu den Kollegen zum Protokollieren.«

Als auch diese beiden außer Hörweiter waren, wandte sich Trost der Leiche zu. Endlich allein. Er spannte die Lippen, blähte die Backen und murmelte: »Na, wie bist du gestorben? Vom Dach gefallen? Nein, kaum Blut. Erschossen, erstochen, erschlagen?« Er stellte sich auf die Zehenspitzen, blickte am Toten vorbei in das Dunkel des Brunnenschachts. Es sah wirklich so aus, als habe ihn jemand hinunter werfen wollen und das Gitter zu spät bemerkt. Oder als sei der Tote beim Hinunterschauen gestorben. Oder beim Vorbeigehen umgekippt.

Viele Möglichkeiten. Trost wandte sich wieder ab und drehte sich im Kreis herum, während er mit zusammengekniffenen Augen den wolkenverhangenen Tag betrachtete. Auch auf sein Gesicht klatschten nun feine Regentropfen. Er murmelte weiter: »Haben die Kollegen von der Teichalm nicht auch von Jugendlichen berichtet?«

Niemand antwortete. Natürlich nicht.

Der Regen wurde stärker, dann wieder schwächer. Die Spurensicherung traf ein. Journalisten mussten hinauskomplimentiert werden. Und plötzlich kam der Anruf, der den gesamten Tross abermals in Bewegung setzte.

Trost und Lemberg laufen voran. Lembergs Beine sind lang, ihr Zopf wippt im Laufen von einer Schulter zur anderen. Trost sieht aus wie jemand, der einmal richtig sportlich gewesen ist. Die beiden Streifenpolizisten aus Frohnleiten laufen mit ihnen, der Graf und Landerdinger. Anweisung von Trost: »Wer von Anfang an dabei war, bleibt im Team.« Seltsames Kommando, aber der Graf hat nicht vor, zu widersprechen.

Landerdinger versucht, beim Laufen nicht zu atmen und seinen Bauch einzuziehen. Er ist überzeugt davon, dass Lemberg ihn beobachtet. Der Graf denkt sich, dass er nicht einmal wissen würde, was er zu tun hätte, wenn sie ihn küsste. Einfach so. Wenn sie auf ihn zukäme. Oder er, Trost. Um Gottes willen, was täte er dann?

Trost denkt an den Funkspruch, der ihn soeben erreicht hatte. Und er zählt eins und eins und eins zusammen. Springt in den Wagen, startet, wartet, bis alle Türen zufliegen. Fährt los. Und was denkt Annette Lemberg? An irgendwelche Beine? Ans Küssen? An Mathematik? Nein, sie sitzt einfach da. Starrt aus dem Fenster. Und hat ein schlechtes Gefühl für diesen Tag.

4.

Die Peggauer Lurgrotte 61 war für manche weniger attraktiv als die Semriacher Lurgrotte 61. Das hatte sehr viel mit dem Umfeld zu tun. Zum Peggauer Zugang reiste man durch einen Steinbruch an, in Semriach gab man sich idyllischer, stiller.

Doch Trost hatte für das Idyll – ganz im Gegensatz zu sonst – diesmal keinen Geist. Sie hatten eine Viertelstunde von Frohnleiten hierher gebraucht. Eine weitere Viertelstunde später wusste Trost, was er zu wissen müssen glaubte. Vier Jugendliche waren hier gewesen. Vor nicht allzu langer Zeit. Sie hatten Radau gemacht, hatten sich aufgeführt wie Besoffene, erzählte der Mann an der Kassa zur Grotte. Dann waren sie abgezogen. Ein paar Minuten später war einem Besucher die Leiche aufgefallen. Sie lag im Eingangsbereich. Knapp hinter dem scharfen Schatten, der das Tageslicht vom Düsterlicht der Höhlenbeleuchtung trennte.

Landerdinger stand im Halbdunkel, und Trost fiel auf, dass er sich absichtlich dort platziert hatte. Sein spitzer Bauch ragte in die Dunkelheit, und für einen Moment hatte es den Anschein, er sei ein durchaus schlanker, ansehnlicher Kerl. Der Graf – Trost hatte gehört, wie Landerdinger ihn einmal so nannte – hielt sich stattdessen im Abseits. Immer außerhalb seines Sichtfeldes. Beharrlich. Trost bekam den Eindruck, dass das System hatte.

Er hockte sich zu Annette Lemberg neben die Leiche. Sie roch nach Blumenwiese. Nach Frühling. Mitten im Herbst. In diesem Moment hatte er Verständnis für den Grafen. Bei schönen Menschen ging man entweder auf Abstand oder man näherte sich ihnen so ungezwungen wie möglich. Dazwischen gab es nichts. Der Graf hatte den Abstand gewählt. Trost war zur Nähe gezwungen. Er blickte Lemberg kurz von der Seite an. Sie bemerkte seinen Blick, reagierte aber nicht. Trost wandte sich wieder der Leiche zu.

Sie lag auf dem Bauch, die Hände von sich gestreckt, als hätte sie einen Schlag von hinten bekommen. Doch da war kein Blut. Keine Verletzung. Jedenfalls nichts, was auf die Schnelle zu sehen war.

»Vier Leichen«, sagte Trost. »Allesamt ohne sichtbare Fremdeinwirkung gestorben. Vier Herzinfarkte?«

Lemberg sagte nichts.

»Hilf mir beim Denken. Wir müssen alles ausspucken, was uns einfällt. Nur so nähern wir uns.«

Annette Lemberg blickte auf. Ihm direkt in die Augen.

Jetzt hätte man viel erwarten können. Eine intelligente Antwort. Etwas Präzises oder etwas – bei Lemberg zwar eher unwahrscheinlich – Unpräzises. Vielleicht sogar Leidenschaft. Aber das nicht: einen Hauch von Unsicherheit.

Trosts Augenbrauen ziehen sich zusammen. Sie hatten natürlich längst eine Fahndung herausgegeben. Im gesamten Umkreis wurden die Straßen abgesperrt. Die Suche nach vier Jugendlichen auf Motorrädern konnte nicht so schwer sein. Und tatsächlich, in diesem Moment knackt wieder das Funkgerät.

»Wir haben sie«, vernimmt Trost eine Stimme.

»Wen haben wir?«, erwidert er, ohne den Blick von Lemberg abzuwenden.

»Die nächsten Leichen.«

5.

Im Wagen schrie Landerdinger gegen den Motorenlärm an. »Sind wir da überhaupt noch zuständig? Ist es in Ordnung, wenn wir mitkommen? Das ist ja schon fast in Graz unten.« Er hatte unbedingt irgendetwas sagen wollen, doch es fiel ihm nichts Besseres ein.

Es dauerte eine Weile, bis sich einer der beiden Kriminalbeamten bequemte, ihm eine Antwort zukommen zu lassen. Es war Annette Lemberg, Gott sei Dank die Frau, die sich ihm zuwandte. Sie sah ihm direkt ins Gesicht. Direkt bis ins Herz hinein. Mein Gott, die Familie. Diese Augen. Wie ein Reh.

Das Reh fixierte ihn, schaute wieder weg. Mein Güte, was für eine Frau. Aber einfach ist die auch nicht. Und – hoppla – Antwort hatte sie auch keine gegeben. Nur diesen Blick, der bedeutungsschwanger zwischen ›Halt die Fresse‹ und ›Ich hab Kopfweh‹ schwebte.

Sie rasten durch Deutschfeistritz, was ihnen sicherlich ein paar Leserbriefe empörter Passanten einbringen würde, denn sie fuhren wirklich wie die Wahnsinnigen. In jeder Kurve drückten sich die Radkästen bedenklich nahe an die Reifen heran. Vorbei an der Abzweigung nach Großstübing, durch Kleinstübing, bis zum Freilichtmuseum Stübing 62. Ein unglaublicher Ort, dieses Freilichtmuseum. Hier wurde die Zeit angehalten. Alte Häuser. Kein Verkehr. Nur Natur. Nichts für Kinder eigentlich. Eher etwas für die Alten. Die Nostalgiker. Und trotzdem musste jeder steirische Schüler mindestens einmal hierher. Landeskunde. Imagepflege. Alte Werte. Na, jedenfalls, Landerdinger mochte diesen Ort.

Lemberg war hier zum ersten Mal. Den Grafen ließ das alles kalt, denn er überlegte, wie er es schaffen könnte, dass sie (oder er) ihn küssen würde. Nicht, dass er es jemals ernsthaft versucht hätte, er war ja kein Idiot. Nur in der Fantasie. Wie würde er es anstellen?

Und Trost? Trosts Herz hämmerte. Sonst nichts.

Sie rasten bis zum Eingangsportal, wo sie eine lange Bremsspur hinterließen. Schon von Weitem waren die Leichen sichtbar. Drei diesmal. Mehr oder weniger verstreut. Ein Pärchen, das fast noch händchenhaltend auf dem Boden lag. Etwas abseits ein Mann. Er saß an einen Baum gelehnt, und auf den ersten Blick hatte es den Anschein, als hätte sich ein müder Wanderer zur Rast hingesetzt. Der zweite Blick offenbarte nichts als eine Leiche, deren Kinn auf die Brust gesunken war.

»Die Raserei artet aus«, hauchte Trost.

Lemberg: »Ja, jetzt laufen sie Amok.«

Fünf Minuten später war klar: Die Letzten, die hier gesehen worden und mit einem Affenzirkus abgedampft waren, waren vier Jugendliche auf ihren Motorädern gewesen.

Im Hintergrund plärrte der Graf in ein Funkgerät: »Absperren, verdammt, alles absperren!« Und Landerdinger schwitzte und dachte jetzt erstmals fieberhaft daran, dass er gern daheim wäre. Lange Beine und Rehaugen hin oder her.

6.

Trost stand vor einem Bauernhaus aus dem 19. Jahrhundert und kümmerte sich nicht um den Auflauf um ihn herum. Was geschieht da? Was, verdammt, geht da vor sich?

»Du siehst aus wie ein einziges Fragezeichen«, unterbrach die Kollegin seine Gedanken. Er hatte sie nicht kommen gehört, und nun stand sie an seiner Seite und musterte ihn besorgt. Ihre Jeans waren eng, der Ausschnitt ihres Pullovers ließ das Schlüsselbein erkennen, und mit der lässigen Jacke sah sie aus wie aus einem Modekatalog entsprungen. Trotz all der Hetzerei so schick.

»Wir sind seit ein paar Stunden einer Bande Jugendlicher auf den Fersen, die von einem Ausflugsziel zum nächsten rast, um Leichen zu hinterlassen. Sie morden mit Präzision, hinterlassen kein Blut, kaum Spuren, jedenfalls nichts, was sich in so kurzer Zeit feststellen ließe. Sie morden offenbar auch ohne Motiv, ohne Zusammenhang. Und sie ermorden mehrere Menschen gleichzeitig. Keine Anzeichen von Gegenwehr. Keine Spuren von Gewalteinwirkung. Nur Tote. Angesichts dessen muss ich aussehen wie ein Fragezeichen. Das ist nur normal, oder nicht?«

Lemberg betrachtete ihn ernst und nickte. »Ja, du hast recht. Aber nicht ganz.«

»Was meinst du?«

»Es sind nicht die einzigen Leichen, die auftauchten.«

»Scheiße.«

»Ja.«

»Wo?«

»Ein alter Mann wurde in Deutschfeistritz mitten auf dem Weg zum Kirchberg gefunden, ganz in der Nähe vom – wie heißt dieses Veranstaltungszentrum doch gleich?«

»Sensenwerk.«

»Ja, Sensenwerk. Makaber, nicht?«

Trost zuckte mit den Schultern, er hatte keine Lust, sich jetzt über Zufälle und Wortspiele Gedanken zu machen. »Und der zweite Tote?«

»Bei Friesach, auf dem Weg zum Kesselfall, Richtung Semriach.«

»So lernt man die Umgebung kennen.«

»So kann man es auch sehen.«

7.

Über dem Tal kreisten zwei Hubschrauber des Innenministeriums. Mittlerweile hatte sich auch eine halbe Hundertschaft an Polizisten verteilt, wie in einem amerikanischen Actionfilm sperrte sie sämtliche Straßen ab, Journalisten rannten hektisch mit Handys und Kameras herum, auf der Pyhrnautobahn reichte der Stau in beiden Richtungen bis zurück nach Graz und zur Badlwand, das ganze Tal war in eine Wolke aus blauen Signalleuchten getunkt.

»Wo, zum Teufel, stecken sie?«, brüllte Trost.

Die seltsamen Funksprüche häuften sich in letzter Zeit. Ein Toter sei auch in der Dult gefunden worden. Am Wegesrand in Richtung Alpengarten Rannach 63 habe ihn eine Wanderergruppe gefunden. In Friesach, ganz in der Nähe des Toten beim Kesselfall sei ein weiterer gefunden worden, und eine Frau sei panisch durch den Ort gelaufen. Ihr Mann sei tot, soll sie geschrien haben. Es handelte sich um einen Mitarbeiter der Tropenausstellung in Friesach. Sogar auf dem Sebastian Reloaded Wanderweg 64 in Laßnitzhöhe wurde ein Opfer entdeckt und auf dem Schöcklplateau 65 auf der Downhill-Strecke.

»Sagen Sie«, wollte Lemberg irgendwann wissen. »Warum erwähnen die Kollegen eigentlich immer irgendeine Sehenswürdigkeit, wenn sie beschreiben wollen, wo die Toten gefunden wurden?«

»Was weiß ich«, gab Trost mürrisch zurück. »Vielleicht verdienen sie sich ja ein Zubrot als Touristenführer. Andererseits: Was bringt es, irgendwelche kryptischen Ortsbeschreibungen oder Straßennummern zu benennen? Wenn sie eine Sehenswürdigkeit nennen, ist es leichter für alle. So machen die das hier am Land.«

In diesem Moment schnaufte der Graf über den kleinen Hügel hinauf zu dem Bauernhaus, auf dessen Eingangstreppe Lemberg und Trost mittlerweile Platz genommen hatten. Der Graf nahm sich im Näherkommen vor, die Kriminalpolizisten keines Blickes zu würdigen. Nur so konnte er vermeiden, dass er womöglich rot wurde und ins Stottern geriet.

Er fixierte einen imaginären Punkt zwischen den beiden, als hinge sein Leben davon ab.

»Ein Hubschrauber kommt. Wir haben eine Spur.«

»Aha, und welche?«

»Jemand hat uns angerufen.«

»Und wer hat uns angerufen?« Das war die Lemberg gewesen, aber der Graf hütete sich weiterhin davor, sie eines Blickes zu würdigen. Stattdessen entschloss er sich nun dazu, Trost zu fixieren, denn dieser hatte ohnehin schon den Kopf in sein Blickfeld gedreht: »Ein Mönch.«

Trost und Lemberg wechselten nun einen Blick. »Na dann ist es ja unsere heilige Pflicht, sofort loszufliegen.«

Der Graf blickte nun doch von einem zum anderen. Sein Blick traf Lembergs Augen, die ihn amüsiert anfunkelten. Dann schweifte er über ihre Beine. Er begann zu schwitzen.

Trost unterdrückte ein Lächeln. »Welche Spur haben wir eigentlich? Etwa neue Leichen?«

»Nein. Die Jugendlichen.«

8.

Einen Augenblick überlegte er, ob sie überhaupt landen sollten. Würden sie in der Luft bleiben, könnten sie sich vielleicht ein besseres Bild vom Ausmaß der Katastrophe machen. Und es wäre sicherer für sie.

Landerdinger und der Graf blickten schweigend aus dem Fenster. Trost amüsierte, wie sich beide auf die Aussicht konzentrierten. Die Wirkung, die seine Kollegin auf Männer hatte, war manchmal geradezu verheerend. Annette Lemberg tippte ihrerseits arglos an ihrem Handy herum.

Er selbst wiederum dachte an nichts anderes als den Umstand, dass er nicht mehr wusste, wie viele Menschen in den letzten Stunden gestorben waren. Bemerkenswert war, dass alle in seinem Umfeld jedoch noch relativ gelassen blieben. Es schien fast so, dass allein seine Nähe genügte, um alle zu beruhigen. Er bildete sich nichts darauf ein und schrieb das einzig und allein seiner Stellung zu. Er war der Ermittler. Chefinspektor. *Trost löst alle Fälle*. Auch wenn keiner wusste, wie. Manchmal nicht einmal er selbst. *Trost ist da, alles wird gut*. Außer für den Täter. Er seufzte.

In seinem Kopfhörer knackte plötzlich die Stimme des Piloten. »Herr Trost … Was ich jetzt sage, können nur Sie hören.«

Sie werfen einander einen kurzen Seitenblick zu. Trost bleibt stumm. »Ich habe soeben einen Funkspruch erhalten. Ein Polizeibeamter ist tot. Soll angeblich auf der Autobahn umgefallen sein. Muss von einem Schuss getroffen worden sein, denn er fiel einfach um. Wir stehen kurz vor einer Massenpanik, keiner weiß offenbar, wo und wann der Nächste tot umfällt. Wollen Sie wirklich, dass wir landen?«

Trost denkt nach. Ist das das Ende? Fällt auch er bald um? Er nickt.

In diesem Moment bemerkt er, dass Annette Lemberg ihn ansieht. Sie kann ihn nicht hören, aber er spürt, dass sie ganz genau weiß, was er denkt. Bleib in meiner Nähe.

Er sagt: »Ja, landen wir.«

9.

Als sie mit eingezogenen Köpfen unter den Rotorblättern hindurch über die Wiese vor dem Zisterzienserkloster liefen, bemerkte er vier Motorräder vor dem Eingangsportal von Stift Rein. Er winkte Landerdinger, hier Posten zu beziehen, und lief mit dem Grafen und Lemberg durch das Tor in den Innenhof der Anlage. Vor dem Portal der Basilika drehte er sich im Kreis.

»Wohin sind die vier? In die Kirche? In die Schule? In die Bibliothek? In den Wald?«

Das Kloster bot tatsächlich viele Möglichkeiten für Besucher. Das Skelett Leopolds des Stifters, der das Stift gründete und als Urvater der Steiermark gilt, war unter einem Glasboden zu sehen. Die Bibliothek mit den uralten Handschriften und Inkunabeln war weit über die Grenzen hinaus bekannt. Das Gymnasium war das einzige im ganzen Bezirk Graz-Umgebung. Im Cellarium, dem Stiftskeller, gab es regelmäßig Ausstellungen. Im Kloster nächtigten häufig Prominente, die sich einmal eine Auszeit gönnen wollten. Ganz abgesehen von den zahlreichen Wandermöglichkeiten in der Umgebung.

»Wohin, verdammt?«, schrie Trost jetzt, als ein Mönch aus der Basilika trat und mit weit ausladenden Schritten auf sie zueilte. Er blickte sie hinter der Brille freundlich an, stellte sich vor und sagte dann ganz unverblümt: »Ich habe Sie wegen der Vandalen angerufen. Aber ehrlich gesagt, bin ich überrascht, dass Sie deshalb gleich mit dem Hubschrauber kommen.«

»Lustig, ja«, blaffte Trost. »Wo sind die Jugendlichen?«

In diesem Moment schreckte ihn ein Johlen auf. Vier Gestalten stolperten kichernd aus der Kirche in den Innenhof des Stifts.

»Ich kann nicht, ich kann nicht mehr, das ist soo witzig.«

»Sooo geil, ja echt«, rief ein Mädchen.

»Alter, holt die Goschn, zwickt's mi. Wir haben heut mehr angeschaut als in den letzten 18 Jahren.«

»So alt bist ja noch gar net.«

Als sie Trost, den Mönch, den Grafen und Lemberg sahen, hielten sie inne.

Die Erste, die die Fassung wiedererlangte, war das kleinste Mädchen unter ihnen. Es warf die blonden Locken in den Nacken und hob die Arme.

»Was ii-i-s?«

Es war der Graf, der anhob, etwas zu erwidern. Seine Lippen öffneten sich, während seine Hand zum Pistolengriff fuhr, doch bevor er die vier in Schach halten konnte, bevor er auch nur die Waffe ziehen hatte können, fiel das Mädchen wie vom Schlag getroffen um.

Ihre Freundin schrie auf, die anderen beiden liefen auf das gestürzte Mädchen zu und schüttelten es. Riefen seinen Namen. Auch der Mönch und der Graf hockten nun an seiner Seite. Der Graf plärrte in sein Funkgerät. Der Mönch rief Trost und Lemberg zu: »So helfen Sie doch!« Irgendetwas tun. Irgendetwas.

Doch die beiden rühren sich nicht. Trost denkt: Sie muss bereits im Unfallen tot gewesen sein. Als hätte ihr jemand den Stecker gezogen. Umgestürzt wie eine fallengelassene Puppe.

Allgemeines Schreien setzt jetzt ein. Alles läuft wild durcheinander. Nur Trost und Lemberg nicht. Die gehen ein Stück fort. Hinaus aus dem Kloster. Über die Straße. Einen Forstweg entlang. Hier ist es still. Die Rufe der Verzweifelten verklingen in der Ferne. So still. Sie sehen einander an. Und warten. Auf das Ende.

10.

Aber das Ende kam nicht. Trost griff zum Funkgerät, ließ in der Zentrale in Graz alles verfügbare Personal zusammentrommeln. Kollegen wurden aus dem Urlaub geholt, Stunde um Stunde verging, und man zählte bis zum späten Nachmittag sage und schreibe 34 Tote.

Längst waren die Meldungen über Internetseiten in aller Welt. Längst hatte sich Balthasar Gierack, sein direkter und stets gern im Mittelpunkt stehender Vorgesetzter, auf die Pressemeute gestürzt und sein betroffenes Gesicht in die Kameras gerichtet. Längst war klar, dass die Menschen nirgendwo sonst in solchen Massen starben. Nur hier. Nein, die Welt ging nicht unter. Zumindest nicht die ganze Welt.

Bald kursierten Verschwörungstheorien. Jugendliche Sektenmitglieder, die ein Massensterben auslösten, bevor sie sich selbst umbrachten. Lichtkrankheit verursacht durch eine vom Ministerium verabreichte Creme. Ein Virus aus der Hohlen Welt. Terror der Gotteskrieger. Russische Rache an Europa. Doch nichts von alldem kam der Wahrheit nahe. Nur eine Idee. Trosts Spur. Er zeigte auf einen Namen in den endlosen Reihen von Verknüpfungen, die hergestellt wurden. Ein Name. Eine Möglichkeit.

Es war noch mitten in der Nacht, als Armin Trost und Annette Lemberg aus den Schatten des von Scheinwerfern beleuchteten Klosters traten und sich einem Konvoi aus Einsatzfahrzeugen anschlossen. Ohne Folgetonhorn, jedoch mit durch die Finsternis kreisenden Signallichtern rasten die Fahrzeuge die Ebene Richtung Gratwein entlang.

Sie fuhren durchs enge Ortszentrum, nahmen die Autobahnauffahrt nach Norden und bogen rechtzeitig vor der Einfahrt in den Gleinalmtunnel nach Übelbach ab. Sie fuhren wieder durch den Ort, vorbei am Haubenlokal, vorbei am als Gemeinschaftsgarten gestalteten Hauptplatz hinauf auf den Berg. Hinauf auf einen einsamen Bauernhof zu.

Angespannt sah Trost ins Dunkel hinter der Scheibe und hörte den Zweifel in Lembergs Stimme: »Und was, wenn er's nicht ist?«

Trost wandte sich Lemberg zu. »Dann haben wir die Kavallerie umsonst geholt, dafür aber eine halbe Stunde lang Hoffnung gehabt. Und wenn er's ist, dann ist der ganze Spuk sowieso vorbei. Ich finde, der Aufwand lohnt sich also.«

Trost war es, der die Gemeinsamkeit der 34 Toten herausgefunden hatte. Er hatte es gesehen und verstanden. Und sofort reagiert.

Die letzten Meter fuhren sie ohne Licht. Sie ließen die Wagen ausrollen, öffneten Fahrzeugtüren so leise wie möglich. Sie zogen sich Schutzwesten über. Entsicherten ihre Waffen und gingen langsam los. Vor sich der finstere Schatten eines Bauernhofs.

Gleichzeitig an mehreren Stellen brechen sie die Türen auf. Vereinzelt dringen nun Rufe durch die Nacht. »Gesichert!« – »Gesichert!« Lichter gehen an. Es fallen keine Schüsse. Und als Annette Lemberg bemerkt, dass Trost etwas abseits der Scheune am Rand des Waldes innegehalten hat, an seiner Seite die Waffe auf den Boden gerichtet, die Schulter schwer, da weiß sie, dass sie am Ende sind. Nicht am Ende der Welt. Nur am Ende dieser Reise. Der

Schein ihrer Taschenlampe sucht die Umgebung ab. Und findet die an einem Ast hängende Leiche.

Später entdecken die Kollegen auch den Zettel im Haus. Den Abschiedsbrief. Die Erklärung. Die Rache eines verrückten Bauern an der Welt. Vergiftetes Joghurt. Ausgeliefert. Zum nahezu selben Zeitpunkt seine Tödlichkeit entfaltend. Rache für seine Situation. Weil er es als Bauer so schwer hatte. Weil sie ihn nicht leben ließen. Nicht richtig. ›Zu viel zum Sterben, zu wenig zum Leben‹, hatte er auf den Zettel geschrieben. Rache am Konsumenten. Und so weiter. Alles banal.

Trost steht immer noch draußen. Er schüttelt den Kopf, als Lemberg ihm den Brief vorliest. Aber er hört kaum noch zu. Was er wissen muss, weiß er jetzt: Wie ungerecht. Und wie unpräzise. Was kann denn die Welt dafür, wenn einer durchdreht? Immer das gleiche. Immer ist es irgendwas. Kein großer Grund. Nicht einmal ein großer Fall. Nur irgendwas von irgendwem. Eine todbringende Spinnerei.

Das Ende der Welt, das wär wirklich einmal ein großer Fall gewesen. Er lächelt unter dem dichten Dach des Waldes.

59 Burg Rabenstein: Wehranlage, errichtet im 13. Jahrhundert. Seither zahlreiche Besitzer, darunter die Familien Trautmannsdorf, Reininghaus und Liechtenstein. Seit 2005 gehört die Burg einem Unternehmer, der sie liebevoll instand hält.

60 Ökopark Breitenau: 1989 gegründet, verbindet die Anlage Waldpädagogik, Spielfläche und Tierpark. Beliebtes Ausflugsziel an der Grenze der Bezirke Bruck-Mürzzuschlag und Graz-Umgebung (von Graz aus gesehen) direkt hinter der Teichalm gelegen.

61 Lurgrotte Peggau und Semriach: Größte aktive Wasserhöhle Österreichs, zwischen den Eingängen Semriach und Peggau fließt der Lurbach. Jede Schulklasse der Umgebung wird hingekarrt. Und wer nicht gebräunt vom Urlaub zurückkommt, wird mit dem Spruch »Hast in der Lurgrotte Urlaub gemacht?«, gequält.

62 Freilichtmuseum Stübing: Rund 100 historische Gebäude machen die Anlage zu einer der größten dieser Art in ganz Europa. Brauchtumspflege ist hier Programm, hin und wieder gibt es Gelegenheit, Handwerkern über die Schulter zu schauen.

63 Alpengarten Rannach: Bis vor einigen Jahren vom Universalmuseum Joanneum betreut, kümmern sich heute Privatpersonen liebevoll um das Areal, beko-

chen Gäste und laden zu Veranstaltungen. Wanderer sollten hier unbedingt rasten.

64 Sebastian Reloaded: Seit 2013, nach Sebastian Kneipp benannte Fitnessmeile in der Gemeinde Lassnitzhöhe. Erfreut sich bereits großer Beliebtheit.

65 Schöckl: Hausberg der Grazer, Dorado für Biker. Vielfältiges Gastronomie-Angebot auf dem Plateau. Kritiker verachten ihn als ›Event-Berg‹, unbestritten ist jedoch der beeindruckende Blick auf das Grazer Becken.

Außerdem sehenswert:

66 Wallfahrtskirche Maria Straßengel: Zwischenstation auf dem Wanderweg von Schloss Plankenwarth zur Burgruine Gösting in Graz. Wegen ihrer Ähnlichkeit mit dem Wiener Stephansdom wird die Kirche auch als ›Steirischer Steffl‹ bezeichnet.

67 Kirschenhalle Hitzendorf: Größte Mehrzweckhalle der Weststeiermark, umgeben von zahlreichen Sportanlagen. Bekanntestes Event: das Kirschenfest, das alljährlich im Juni stattfindet.

68 Arnold Schwarzenegger Museum: Seit seinem 64. Geburtstag 2011 ist Arnold Schwarzenggers Geburtshaus in Thal bei Graz Museum. Ein Besuch ist nicht nur für Fans ein Muss.

69 Schwarzlsee Freizeitzentrum: Schotterteich, der jährlich zigtausende Badegäste anlockt. Auf dem Areal zahlreiche Großveranstaltungen wie Seerock-Festival, Lake Festival und Urban Art Forms Festival.

HOCHSTEIERMARK – MÜRZER OBERLAND (BEZIRK BRUCK-MÜRZZUSCHLAG)

In Ewigkeit, Amen.

Claudia Rossbacher

Er war schon immer da gewesen. Solange sie zurückdenken konnte. Tief in ihr drin. Dieser Wunsch, den Menschen zu helfen. Nicht, dass *ihr* jemals wer geholfen hätte. Das war auch gar nicht nötig. Weder erwartete Margarete Hilfe noch würde sie diese annehmen. Es war *ihre* Aufgabe, sich um die Alten, Schwachen und Kranken zu kümmern. *Ihre* Bestimmung, in der sie völlig aufging. Faltige Hände, die sich an sie klammerten. Schmal gewordene Lippen, die ihr ein erschöpftes Lächeln schenkten. Müde Augen, die sich dankbar schlossen. Wenn die Zeit gekommen war, für immer. Es gab kein schöneres Gefühl auf der Welt, als gebraucht zu werden. Nicht für Margarete Pochlatko. Ja, sie war eine Berufene. Eine gute Seele, die sich gerne für andere aufopferte. Manche nannten sie gar einen Engel.

Behutsam wischte Margarete die klebrigen Reste vom Kinn des alten Mannes, der gebeugt vor ihr im Rollstuhl saß. Geduldig hatte sie ihm den Gemüsebrei eingeflößt. Immer wieder verschluckte er sich daran. Dann musste sie erneut eine Weile warten, bis sein Husten verebbte und sie ihn weiterfüttern konnte. Die tägliche Prozedur kostete viel Zeit. Mehr Zeit, als sie für die Betreuung eines Patienten aufwenden durfte. Doch was, zum Teufel, sollte sie tun? Ihn hungern und dursten lassen? Bis seine Tochter abends nach der Arbeit vorbeischaute, um sich mehr schlecht als recht um ihn zu kümmern und anschließend ins eigene Leben zurückzukehren? Zu ihrem Mann und den Kindern? Als Angehörige war die Frau mit dieser Situation heillos überfordert. Wie die meisten anderen auch. Für Krankheit und Siechtum gab es keinen Platz in der Gesellschaft. Erst recht nicht fürs Sterben. Welche Ironie, dass ausgerechnet der Tod totgeschwiegen wurde, der doch das einzig Unausweichliche im Leben war. Wer wusste das besser als Margarete Pochlatko?

Heinrich Pichlers Demenz schritt gnadenlos voran. Als Margarete seine Betreuung übernommen hatte, hatten sie sich mühsam, aber doch, miteinander unterhalten können. Damit war es seit Monaten vorbei. Sein Körper funktionierte einigermaßen. Doch das Gehirn vermochte die Bewegungen nicht mehr zu koordinieren. Seit einigen Wochen war es dem Alten unmöglich, alleine aufzustehen und sich fortzubewegen. Fort von seiner Krankheit. Weg von der Angst, den Verstand zu verlieren. Wenigstens konnte er nun nicht mehr stürzen. Die Narben auf seinem kahlen Kopf zeugten von unzähligen solchen gescheiterten Fluchtversuchen. Zum Glück war er von Knochenbrüchen verschont geblieben. Wobei er selbst dieses Glück weder verstehen noch empfinden konnte.

Nur Margarete schenkte ihm noch den einen oder anderen Moment des Wohlbefindens. Wenn sie ihm bei der Morgentoilette vertraute Melodien vorsummte, beim Ankleiden Geschichten erzählte, dabei immer wieder sanft über seine fleckige Pergamenthaut streichelte. Sie war es, die ihn täglich in den Rollstuhl hievte, ihn fütterte, ihm seine Medikamente verabreichte, während sie ihm unaufhörlich gut zuredete. Obgleich sich sein Zustand in Wahrheit nur noch verschlechterte und er ihre falschen Versprechungen ohnehin nicht mehr verstand, so spürte er doch ihre Zuwendung. Ab und zu huschte sogar ein Lächeln über sein knöchernes bleiches Gesicht, das an ein Gespenst erinnerte. Manchmal stammelte er ein paar unverständliche Worte. Heute jedoch nicht.

Margarete verstummte und erhob sich, um das schmutzige Geschirr in die Küche zu tragen. Bald würde auch das nicht mehr nötig sein. Wenn Heinrich Pichler erst einmal vergessen hatte, wie man schluckte. Dann half nur noch die Magensonde. Oder der Tod, der ihn von seinem Leid erlöste. Eilig spülte Margarete die ausgebleichte blaue Plastikschüssel und den Suppenlöffel ab, ließ beides zum Trocknen auf dem Abtropfgitter liegen. Auch ohne auf die Uhr zu blicken, wusste sie, dass sie längst wieder unterwegs sein sollte. Die nächste Pflegepatientin wartete auf sie.

Zurück im Wohnzimmer schaltete sie Radio Steiermark ein. Ziemlich laut, damit der alte Herr die vertrauten Stimmen und Schlager hören konnte. Es war ja keiner mehr da, den die Musik störte. Seine Frau hatte ihn schon vor einem Vierteljahrhundert verlassen. Die Nachbarn waren vor zwei Wochen ausgezogen. Der langzeitarbeitslose Herr Schöffmann, der sich die letzten Jahren mit geringfügig bezahlten Forstarbeiten über Wasser hielt, hatte endlich einen angemessenen Job in Bruck an der Mur [70] gefunden. Frau Schöffmann war heilfroh über die neuen Perspektiven, die sich ihnen in der Bezirkshauptstadt eröffneten. Kaum jemand lebte mehr in Mürzsteg. Nur noch die Alten und Pflegebedürftigen. Und die Asylanten, die tagein tagaus auf der Straße herumlungerten. Wenn sie sich vor lauter Langeweile nicht gegenseitig Messer zwischen die Rippen rammten. Arbeiten durften sie ja nicht. Nicht einmal für den Hungerlohn, der den Holzarbeitern in einer der waldreichsten Regionen des Landes bezahlt wurde.

Im Sommer war es hier erträglicher. Dann kamen die Kinder, die ihre Ferien im Kinderhotel verbrachten und Lebendigkeit in einem Ort verströmten, der auszusterben drohte. Wenn ihr Lachen im Herbst verstummte, wirkte die Stille umso bedrückender. Einige Wanderer tummelten sich dann noch im Naturpark Mürzer Oberland 71, der von den schroffen, felsigen Hängen der Kalkalpen, dunklen steilen Wäldern und dem klarem Wasser der Mürz und ihrer Zubringer geprägt war. Nach Frein 72 hatte sich der Fluss ein Naturdenkmal gesetzt. In der spektakulären Klamm stürzte er als tosender Wasserfall ›Zum Toten Weib‹ 73 in die Tiefe, um beim sogenannten Durchfall plötzlich zu verschwinden und erst später wieder aufzutauchen. An Neuberg plätscherte die Mürz ganz friedlich vorbei, als würde sie das eindrucksvolle Neuberger Münster 74 und damit Gott versöhnlich stimmen wollen. Gelegentlich besuchte Margarete die monumentale gotische Hallenkirche, die der Volksmund ›Dom im Dorf‹ nannte, um dort zu beten. Nicht für sich selbst, sondern für die, die der Herr ihr anvertraut hatte. Wann immer einer von ihnen seine letzte Reise antrat, spendete sie eine Kerze und sprach ein Gebet, damit Gott seine Seele erlöste. Schon bald würde sie für Heinrich Pichler beten, wusste Margarete. Sie würde den Herrn um Vergebung seiner Sünden bitten. Und dass er ihn in sein Reich aufnehmen möge. Dort, wo es kein Leid und keine Schmerzen mehr gab. Wo alles wieder heil und gut war. In Ewigkeit, Amen.

Mit einem Lächeln auf den Lippen schloss Margarete das Fenster, das sie zum Lüften geöffnet hatte. Dann schob sie den Rollstuhl hin, damit der alte Pichler hinausschauen konnte. Viel gab es auf der Hauptstraße nicht zu sehen, aber immerhin. Ein paar Autos, die zu schnell vorbeifuhren. Dunkelhäutige Asylanten, die sich lautstark in fremden Sprachen unterhielten. Pilger, die der Steirische Mariazellerweg [75] am schmucken kaiserlichen Jagdschloss [76] in Mürzsteg vorbeiführte. Und am Fenster des greisen Mannes, dem niemand Beachtung schenkte. Außer Margarete Pochlatko. Seufzend beugte sie sich zu ihm hinunter, strich ihm über die knorrige Hand, die kraftlos auf der Armlehne des Rollstuhls ruhte, und verabschiedete sich bis zum nächsten Tag. Heinrich Pichler reagierte nicht, stierte ins Leere. Bis vor Kurzem hätte er noch einen Blick in ihr üppiges Dekolleté geworfen und dabei lüstern gegrinst. Damit war es nun auch vorbei. Nein, lange würde es bestimmt nicht mehr dauern, war sich Margarete Pochlatko sicher. Sein Atem roch bereits nach Tod.

Ihr Handy, das sie im Auto vergessen hatte, zeigte zwei versäumte Anrufe an. Gerlinde Silberschneider, ihre nächste Pflegepatientin, hatte angerufen, jedoch keine Nachricht hinterlassen. Wie so viele ältere Menschen traute sie einer Maschine nicht, die sie weder sehen noch anfassen konnte. Mit Computern hatte die betagte alleinstehende Dame sowieso nichts am Hut. Dementsprechend war sie im digitalen Zeitalter auf fremde Hilfe angewiesen. Ohne

Internet war man heutzutage aufgeschmissen. Nicht einmal ein einfacher Lohnsteuerausgleich war mehr möglich. Selbst das Einkaufen war ohne Nahversorger höchst beschwerlich. Wer nicht online bestellen konnte und wie Gerlinde Silberschneider kein Auto besaß, um ins Einkaufszentrum auf die Grüne Wiese zu fahren, war hier kaum überlebensfähig. Der Unfall hatte ihr dann den Rest gegeben. Beim Aussteigen aus dem Bus, der nur alle heiligen Zeiten zwischen Mariazell und Mürzzuschlag 77 verkehrte und unterwegs in Mürzsteg hielt, war sie hingefallen und hatte sich den Oberschenkelhals gebrochen. Einige Wochen später war sie als Pflegefall nach Hause zurückgekehrt. In ein Heim hatte sie partout nicht übersiedeln wollen. Wer dort einmal einzog, wurde eher früher als später in einem Sarg hinausgetragen, war Gerlinde Silberschneider überzeugt. Lieber wollte sie allein zu Hause sterben. Margarete Pochlatko sollte es recht sein.

Der zweite Anruf, den sie verpasst hatte, war aus dem Büro gekommen. Andreas Steiners Stimme auf ihrer Mobilbox klang unwirsch. Frau Silberschneider habe den Alarmknopf betätigt, warf er Margarete dermaßen lautstark vor, dass diese den Abstand zwischen ihrem Handy und dem Ohr vergrößern musste, um keinen Tinnitus zu riskieren. Der Patientin sei nichts passiert, tobte ihr Vorgesetzter weiter. Eine Mitarbeiterin habe sie umgehend angerufen. Die alte Dame habe nur wissen wollen, wo ihre Pflegerin so lange bleibe. Sie habe Schmerzen und Hunger. Margarete ärgerte sich über die Beschwerde, wenngleich sie davon ausging, dass Gerlinde Silberschneider es nicht böse meinte. Sie hatte schlichtweg Angst davor, vergessen zu werden. Margarete hörte, wie Steiner ihr mit Konsequenzen drohte, wenn sie ihren Terminplan noch einmal so maßlos überschritt. Schließlich sei es bei Gott nicht das erste Mal, dass sie sich um mehr als eine halbe Stunde verspätete. Bei Gott? Margarete lachte laut auf. Die Autofenster beschlugen allmählich. Was wusste Steiner schon von Gott? Die Kirche hatte er vermutlich zum letzten Mal bei seiner Hochzeit von innen gesehen. Inzwischen war er längst wieder geschieden. Kein Wunder, so herzlos, wie dieser Mann war, dem Rentabilität vor Menschlichkeit ging. Margarete verzichtete darauf, ihn zurückzurufen und sich für ihre Verspätung zu rechtfertigen. Welche Ausrede sie ihm auch präsentierte, er würde sie ohnehin nicht akzeptieren. Stattdessen warf sie ihr Handy auf den Beifahrersitz und startete den Dieselmotor ihres neuen Ford Escort.

Gerlinde Silberschneider saß mit einem Rätselheft am Küchentisch und begrüßte ihre Pflegerin mit einem zahnlosen Lächeln. Als ob sie damit ihre Dummheit ungeschehen machen konnte, ärgerte sich Margarete und schimpfte erst einmal mit der Patientin, die ohne Not den Alarmknopf betätigt hatte. Wenn es ihr wirklich so schlecht gehe, würde sie weder aus dem Bett kommen noch Kreuzworträtsel lösen können, warf sie ihr vor, während sie ihr ein Glas Wasser hinstellte. Wie fast alle alten Menschen trank Gerlinde Silberschneider zu wenig. Nicht nur, weil sie befürchtete, es nicht rechtzeitig auf die Toilette zu schaffen, sondern weil sie einfach kein Durstgefühl mehr empfand. Dabei war Trinken doch so wichtig für den Organismus, ganz besonders fürs Gehirn. Das konnte man nicht oft genug predigen. Nicht wenige Demenzfälle würden sich gar vermeiden lassen, wenn die Leute nur genügend Flüssigkeit zu sich nahmen, wusste Margarete und ließ Gerlinde Silberschneider erst einmal das Wasserglas austrinken. Während der täglichen Toilette hielt Margarete ihr dann das Telefongespräch mit der Zentrale vor. Wenn sie sich noch einmal über sie beschwerte, würde Margarete gekündigt werden. Dann könne sie nie wieder zu ihr kommen, erklärte sie der Alten, was sie mit ihrer Gedankenlosigkeit anrichtete. Sie werde schon sehen, wie es ihr ergehen würde. Ohne Margarete Pochlatko.

Die Tränen, die über Gerlinde Silberschneiders zerknitterte Wangen liefen, erweichten das Herz der Pflegerin. Nachdem ihr die Patientin hoch und heilig versprochen hatte, nie wieder grundlos den Alarmknopf zu drücken und sich über etwaige Verspätungen zu beschweren, vergab Margarete ihr schließlich. Um am Ende der Pflegeprozedur festzustellen, dass die Alte schon wieder ihre Zahnprothese verlegt hatte. Zum Suchen blieb nun keine Zeit mehr. Das späte Frühstück und das Abendbrot, das Margarete schon jetzt für sie herrichtete, würde sie leider zahnlos zu sich nehmen oder den Zahnersatz alleine finden müssen. Margarete musste schleunigst zu ihrem nächsten Schützling aufbrechen. Auch wenn Gerlinde Silberschneider sie nicht gehen lassen wollte. Außer ihr habe sie keine Kontaktperson, raunzte sie und hielt Margarete am Ärmel fest. Die erinnerte sie daran, dass der nette junge Mann von Essen auf Rädern in einer guten Stunde ihre warme Mittagsmahlzeit liefern würde. Das Abendbrot mit dem extra mageren Schinken stehe bereits fix und fertig vorbereitet im Kühlschrank. Sie müsse es später nur herausnehmen und die Folie entfernen. Gerlinde Silberschneider verzog das Gesicht. Viel lieber mochte sie Verhackert und Speck. Doch das hatte der Arzt aus ihrem Diätplan verbannt. Gestützt auf ihren Rollator folgte sie der Pflegerin ins Vorzimmer. Dass diese morgen wiederkommen würde, war nur ein schwacher Trost für sie. Vor ihr lag ein weiterer endloser Tag, den sie mit Kreuzworträtsel Lösen und Fernsehen verbringen würde. Gerne wäre Margarete Pochlatko noch eine Weile bei ihr geblieben und mit ihr an die frische Luft gegangen. Sie hätte den Geschichten von früher gelauscht. Wie sie es als Kind bei ihrer Großmutter immer getan hatte. Leider hatten Menschen wie Steiner nicht das geringste Verständnis dafür. Margarete Pochlatko musste die einsame Alte allein zurücklassen. Ob sie wollte oder nicht.

Die eigene Pause konnte sie sowieso vergessen. Stattdessen fuhr sie, eine Dreiviertelstunde zu spät, nach Altenberg. Ihr Rücken schmerzte. Die Bandscheiben machten ihr in letzter Zeit immer häufiger zu schaffen. Bald wurde sie 45, und die Arbeit forderte ihren Tribut. Kürzer treten kam für Margarete jedoch nicht infrage. Ihre Patienten waren schließlich auf sie angewiesen. Da konnte man nicht wegen jedem kleinen Zwicken und Zwacken daheimbleiben. Wozu auch? Dort wartete ja keiner auf sie. Für Freunde oder Hobbies hatte Margarete schon lange keine Zeit mehr. Erst recht nicht für einen Mann oder Kinder. Wann hätte sie sich um diese denn kümmern sollen? Es war schon gut so, wie es war. Margarete Pochlatko beschwerte sich nicht. Sie biss die Zähne zusammen und lebte ihr Leben weiter. Ein erfülltes Leben, solange sie gebraucht wurde.

Bevor sie aus dem Auto stieg, steckte sie noch rasch eine

der Tabletten in den Mund, die Katharina Hochegger gegen ihre schlimmen Rückenschmerzen verschrieben worden waren, und spülte sie mit einem Schluck aus der Wasserflasche hinunter. Die Patientin brauchte ihre Pillen nicht mehr. Seit gut zwei Wochen war sie beschwerdefrei. Im Gegensatz zu Margarete, die bisher keine Zeit gefunden hatte, einen Arzt zu konsultieren. Also hatte sie die Medikamente der Verstorbenen kurzerhand mitgenommen. Sie wegzuschmeißen, wäre Verschwendung gewesen. Außerdem wusste man nie, wozu diese noch gut waren. So hatte etwa das Insulin der seligen Hermine Habermann ausgereicht, um den todkranken Arnold Reisenberger ebenfalls ins ersehnte Jenseits zu befördern. Der Ärmste hatte nur noch vor sich hingedämmert, betäubt vom Morphium, das in seine Venen tropfte. Oder vor Schmerzen geschrien, sobald die Wirkung nachließ. Margarete hatte die sinnlose Qual nicht länger verantworten können und das Habermann'sche Insulin in den Infusionsbeutel gespritzt, um den vom Krebs Zerfressenen, für den es längst keine Hoffnung mehr gab, von seinem Leiden zu erlösen. Sie war ja kein Unmensch, wie Steiner einer war. Das restliche Morphium hortete Margarete seither in ihrer Wohnung, zusammen mit allen übrigen Medikamenten. Eines Tages würden diese anderen Sterbenskranken gute Dienste leisten. Offiziell war Arnold Reisenberger an einem krankheitsbedingten Multiorganversagen verstorben. Weder bei Krebspatienten im Endstadium noch bei hochbetagten schwerkranken und pflegebedürftigen Patienten sahen die Ärzte, die den Tod feststellten, genauer hin. Obduziert wurde so gut wie nie. Dennoch musste Margarete vorsichtig sein, hatte sie doch das ungute Gefühl, dass ihr Steiner auf die Finger sah.

Überhaupt, seitdem ihr Hermine Habermann ihre Ersparnisse offiziell vererbt hatte. Die dumme Alte! Hätte sie ihr die Sparbücher lieber zu Lebzeiten in den eigenen vier Wänden gegeben und die Losungsworte verraten. Dann wäre Steiner nicht misstrauisch geworden. Aber Margarete wollte nicht undankbar sein. Immerhin hatte sie sich von dem Geld das überfällige neue Auto zulegen können. Ihr alter klappriger Toyota hatte bereits über 130.000 Kilometer auf dem Buckel gehabt. Ja, Margarete musste vorsichtig sein. Sterbehilfe galt hierzulande als Verbrechen und wurde mit bis zu fünfjähriger Gefängnisstrafe geahndet. Selbst in jenen Fällen, in denen Todkranke darum bettelten, endlich sterben zu dürfen. Wie die erste Patientin, die Margarete erlöst hatte. All die anderen, die ihr in den vergangenen Jahren gefolgt waren, hatten ihren letzten sehnlichsten Wunsch nicht mehr äußern können. Doch Margarete fühlte es, wenn der richtige Zeitpunkt gekommen war. Sie sah es in ihren Augen, roch es an ihrem Atem. Wie sie es an diesem Morgen bei Heinrich Pichler gerochen hatte. Für ihn war es höchste Zeit. Morgen Früh würde Margarete tun, was zu tun war. Der alte Mann verdiente einen würdevollen schmerzfreien Abgang. In Margaretes Augen hatte jeder Mensch dieses Recht, das Tieren ganz selbstverständlich zugestanden wurde. Gesetze hin oder her. Sie war ein Engel Gottes, für den Menschlichkeit und Barmherzigkeit zählten. Auch wenn diese Werte in einer Welt voller Steiners in Vergessenheit geraten waren.

Als Margarete die Wohnung betrat, roch sie den Tod ganz deutlich. Radio Steiermark kündigte lautstark den ersten Schneefall für das Obere Mürztal an. Erst einmal schaltete sie das Radio im Wohnzimmer ab. War Heinrich Pichlers Tochter gestern Abend nicht gekommen? Normalerweise drehte sie dieses für die Nachtruhe ab. Aber was spielte es noch für eine Rolle? Gleich würde ihn das Morphium einschlafen und in Frieden ruhen lassen. Für immer und ewig.

Der Alte lag in seinem Bett, zugedeckt bis obenhin. Margarete schlug die Decke zurück. Der tägliche Guten-Morgen-Gruß blieb ihr im Hals stecken. Sein Mund war weit aufgerissen, ebenso die Augen. Margarete konnte nicht fassen, was sie sah, suchte reflexartig nach seiner Halsschlagader, um den Puls zu fühlen. Wenngleich sie längst wusste, dass Heinrich Pichler tot war. Ja, der Alte war gestorben! Einfach so. Sie war zu spät gekommen. Wie hatte sie ihr untrügliches Zeitgefühl nur so im Stich lassen können? Nein, das war unmöglich ... Margarete sah dem Toten in die Augen. Erst jetzt fielen ihr die kleinen punktförmigen Blutungen auf seinen Bindehäuten auf. Auch auf den Lidern und der Mundschleimhaut entdeckte sie welche. Heinrich Pichler musste unter seiner Decke erstickt sein. Aber wie war das möglich? Ohne Gewalteinwirkung von außen? Sie musste den Arzt verständigen. Irgendetwas stimmt hier nicht ...

Heinrich Pichler musste unmittelbar nach ihrem letzten Besuch verstorben sein, war sich Margarete Pochlatko inzwischen sicher. Die Ermittler und der Staatsanwalt waren anderer Meinung. Sie lasteten der Altenpflegerin die Ermordung ihres Patienten an. Der Obduktionsbefund und die Spurenauswertung bestätigten zweifelsfrei, dass Heinrich Pichler zwischen sieben und zehn Uhr morgens gewaltsam mit seiner Decke erstickt worden war.

Margarete hatte kurz vor zehn Uhr seine Wohnung verlassen. Jemand musste sie dabei beobachtet haben, dem Alten direkt nach ihr einen Besuch abgestattet, ihn ins Bett gelegt und dort erstickt haben. Ja, so musste es gewesen sein. Aber wer hatte das getan? Und warum? Pichlers Tochter, die mit der psychischen Belastung durch den demenzkranken Vater nicht mehr fertig wurde? Stritt sie deshalb ab, am Tag seines Todes in der Wohnung gewesen zu sein? Wo sie doch mit Margarete vereinbart hatte, abends noch nach dem Vater sehen zu wollen? Aussage stand gegen Aussage.

Niemand glaubte Margarete Pochlatko, die für einen Mord, den sie nicht begangen hatte, in Untersuchungshaft saß. Es gab keine Zeugen, die sie entlasteten, nur Gerlinde Silberschneider, zu der sie, mutmaßlich erst nach der Tat, eine Dreiviertelstunde zu spät gekommen war. Indizien, die für die Pflegerin als Täterin sprachen, fanden sich zudem reichlich in ihrer Wohnung. Nicht nur die gehorteten Medikamente, die in entsprechender Dosierung letal wirkten, belasteten Margarete Pochlatko schwer. Auch die Obduktionsbefunde der Leichen ihrer zuletzt verstorbenen Patienten, die der Staatsanwalt exhumieren ließ. Das Gutachten des Gerichtspsychiaters trug ein Übriges zur Verurteilung der Verdächtigen bei. Auch Andreas Steiners Aussage, der schon länger einen Todesengel in der notorisch überlasteten Altenpflegerin vermutet haben wollte.

Margarete Pochlatko gestand schließlich, im Laufe der letzten fünf Jahre vier Patientinnen und zwei Patienten auf deren Verlangen getötet zu haben. Was nur in einem Fall der Wahrheit entsprach, aber warum sollte sie sich noch mehr belasten? In allen Fällen hatte sie aus reiner Nächstenliebe gehandelt, um todkranke Menschen ohne jegliche Hoffnung von ihren Leiden zu erlösen. Und nicht, weil sie sich als Herrin über Leben und Tod fühlte, die bestimmte, wann die ihr Anvertrauten zu gehen hatten. Schon gar nicht, weil ihr die Alten lästig waren, wie ihre Ankläger behaupteten. Dass sie Heinrich Pichler getötet hatte, bestritt Margarete nach wie vor vehement. Was am Gerichtsurteil aber kaum etwas änderte. Die nächsten 20 Jahre würde sie in der Haftanstalt verbringen, um dort ihre Sünden abzubüßen. Sünden, die für sie keine waren.

FREIZEITTIPPS BEZIRK BRUCK-MÜRZZUSCHLAG:

70 Bruck an der Mur: Ältester besiedelter Ort des Landes, heute Hauptstadt des Bezirks Bruck-Mürzzuschlag am Zusammenfluss von Mur und Mürz gelegen. Weitläufiger autofreier Hauptplatz mit mediterranem Flair und architektonischen Sehenswürdigkeiten, allen voran der Eiserne Brunnen im Renaissancestil.

71 Naturpark Mürzer Oberland: Steirischer Naturpark an der Grenze zu Niederösterreich, 2003 gegründet, umfasst die Gemeinden Altenberg an der Rax, Kapellen, Neuberg an der Mürz und Mürzsteg. Geprägt von Wäldern, Wasser und Kalkgebirgsstöcken. Wanderungen und Klettertouren auf Rax, Schneeberg und Hohe Veitsch.

72 Frein an der Mürz: Ehemalige Holzfällerkolonie in einem Talkessel, umringt von Bergen, Wäldern und Almen. Idealer Ausgangspunkt für Wanderungen und Touren auf die umliegenden Berggipfel wie Wildalpe, Göller, Königsalm, Hinteralm oder Schneealpe. Einkehren, entspannen und genießen am ›Freinerhof‹.

73 Wasserfall ›Zum Toten Weib‹: Größter und spektakulärster Wasserfall des Naturparks Mürzer Oberland in einer wildromantischen Schlucht. In den Sommermonaten über Fuß- und Radwege zu erreichen, die von der Lahnsattel-Bundesstraße abzweigen. Um seinen Namen ranken sich mehrere Sagen,

denen gemeinsam ist, dass dereinst eine Frau, absichtlich oder nicht, über die Felswand in den Tod stürzte.

74 Neuberger Münster: Ehemaliges Zisterzienserkloster mit wuchtiger gotischer Kirche, die ›Dom im Dorf‹ genannt wird, in Neuberg an der Mürz. Neuberger Kulturtage mit hochkarätigen Musik- und Gesangsdarbietungen im Sommer und im Herbst, Neuberger Kabarettfrühling im Frühjahr. Ebenfalls besuchenswert: Kaiserhof Glasmanufaktur und Naturmuseum im Stift.

75 Mariazellerweg 06: Die markierten Mariazeller Pilgerwege wurden 1980 eröffnet und verlaufen durch die Bundesländer Wien, Niederösterreich, Burgenland, Oberösterreich, Salzburg, Kärnten und Steiermark zum bedeutendsten Wallfahrtsort in Österreich, Mariazell.

76 Jagdschloss Mürzsteg: 1869/70 wurde das Jagdhaus errichtet, später wurde es zum kaiserlichen Jagdschloss für die Hofjagden von Kaiser Franz Josef I. ausgebaut, der mit großem Gefolge anreiste. Seit 1947 dient das Anwesen dem amtierenden österreichischen Bundespräsidenten als Sommerresidenz.

77 Mürzzuschlag: Industriestadt im Grünen mit kulturellem Angebot: Wintersportmuseum, Südbahnmuseum, Brahmsmuseum und Kunsthaus Mürz präsentieren die Geschichte der Stadt und der Region anschaulich.

Außerdem sehenswert:

78 Roßlochklamm: Erlebnisweg mit kreativem Lehrpfad für die ganze Familie. Geöffnet von Mitte April bis Oktober. Gehzeit: eine Stunde, mit Pausen und Aufenthalt bei den Stationen etwa drei Stunden.

79 Pilgerkreuz am Veitscher Ölberg: Weltgrößtes begehbares Pilgerkreuz am Kreuzungspunkt der europäischen Weitwanderwege, am Mariazellerweg gelegen. Zeichen des Friedens und der Verständigung der Völker.

80 Roseggers Waldschule Alpl
Idyllisch gelegene Waldschule, dank Heimatdichter Peter Rosegger 1902 mit Spendengeldern erbaut. 1975 wegen Schülermangels geschlossen,1982 in ein Museum umgewandelt. Schulzimmer und Roseggerzimmer sind im Originalzustand erhalten. Auch das Österreichische Wandermuseum und eine große Sammlung alter Holzwerkzeuge sind hier untergebracht.

THERMENLAND STEIERMARK – VULKANLAND (BEZIRK SÜDOSTSTEIERMARK)

Kunstfehler

Clementine Skorpil

In voller Montur im Swimmingpool, angekettet an den Zaun eines Parks, nackt stranguliert auf einem Bett mit roter Seidendecke, verdreckt und eingesaut in einer Bahnhofshalle … das Sterben wurde immer unwürdiger, und wäre es nicht eine Gelegenheit gewesen, Klaus wiederzusehen, hätte Anna abgelehnt.

Klaus – aus dem schlaksigen, pickeligen Jungen mit den Henkelohren war ein Bär mit großen Ohren geworden. Zu seiner Halbglatze und dem Schmerbauch passte es, dass er inzwischen Vater von zwei Buben war: Philipp und Mischa. Warum Mischa? Das sei zurzeit der Renner in der Steiermark, sagte er am Telefon.

Klaus – der keine mathematische Formel konnte, keine Englisch-Vokabeln lernte, der Kurve mit f schrieb und kratzen ohne t, wenn nicht gar grazen daraus wurde. Er hatte es geschafft, sein einziges Talent zu Geld zu machen: Klaus konnte zeichnen. Mit scharfem Blick für das Wesentliche und das Komische machte er schon damals, als sie noch in der Schule waren und in der großen Pause durchs Klofenster abhauten, deftige Karikaturen der Lehrer – beliebt bei den Schülern, den Lehrern weniger. Heute arbeitete er als Grafiker, und gelegentlich entdeckte Anna eine seiner typischen Figuren auf einem Cartoon in einer Zeitung. Klaus war etabliert, kein Grund mehr, durch das Klofenster zu türmen. Heute hätte er vermutlich schon mit einem normalen Fenster Schwierigkeiten.

Anna kam am späten Nachmittag in Bad Radkersburg [81] an, checkte im Tosca ein und rief Klaus an. Sie trafen sich beim Fleischerwirten. Exbürgermeister Bellini saß mit seiner Frau im hinteren Teil des Lokals und begrüßte Anna. Er wusste natürlich längst, dass sie kommen würde. Selbst jetzt, da man ihn seiner Ämter enthoben hatte, war er über alles informiert, was sich hier und in der Umgebung tat. Anna quetschte sich neben Klaus auf die Bank. Er umarmte sie, erzählte von den Kindern, lachte viel und laut, es wurde spät, alles wie damals.

Das Morgengrauen war ein solches. Anna erledigte das hygienetechnische Notprogramm, zwängte sich in die Jeans und rief den Regisseur an. »Im Stadtpark« [82], brummte Roman.

»Wo genau?«

»Was willst du hören? Dritte Eiche nach rechts, wir sind dann bei den Weigelien?«

»Na zum Beispiel«, sagte Anna, googelte Weigelien und startete los.

Im Park zwitscherten die Vögel. Sonst war nichts zu hören. Schließlich überholte sie ein junger Mann in ausgewaschenen Jeans, Nerd-Brille und schiefer Stoppelfrisur. Anna raste hinter ihm her. Was für ein Glück, dass Regieassistenten immer gleich aussahen.

»Ich bin da«, sagte Anna fröhlich. »Wie man sagt: kampelt und g'schnäuzt.« Was beides stimmte.

»Du bist zu spät«, sagte Roman übellaunig.

»Hier gibt es auch nirgends Weigelien«, antwortete Anna.

Roman zog sie zu einem nichtssagenden grünen Strauch ohne Blüten. »Darf ich vorstellen? Anna – Weigelie. Weigelie – Anna.«

Zur ihrer Freude war das Drehbuch geändert worden. Statt des schlichten: »Keine äußere Gewalteinwirkung feststellbar«, sollte sie nun auf einem Bett von Rosen, denen der Mörder die Köpfe abgetrennt hatte, liegen. Der Nerd begann zu telefonieren. Eine Zumutbarkeitsstudie unter den Behörden ergab in etwa Folgendes: Während das Liegen auf Disteln, geköpft oder nicht, oder auf dem Rücken eines seit Monaten nicht gefütterten Alligators in den Bereich des Unzumutbaren fiel, traf das auf Rosen – sofern entsprechende Vorkehrungen getroffen wurden – nicht zu. Roman legte das großzügig aus. Anna musste sich nicht ausziehen. »Und schneidet halt die Dornen ab, da wo das Gesicht ist.«

Der Nerd schlüpfte interimsmäßig in die Rolle des Mörders, entfernte die letzten verbliebenen Blütenblätter, und von recht wenigen Stängeln schnitt er die Stacheln ab.

Roman wartete rauchend, dass die Vorkehrungen abgeschlossen wurden. Das Opfer verhörte die Kommissarin. Was ihre nächsten Projekte wären: die Regine Engstrand in Ibsens ›Gespenster‹ am Schauspielhaus Graz, sagte Carina. Eine schöne Rolle, ja, tatsächlich. Und vorher bei ARTigKLASSISCH in Straden 83 die Salome Pockerl im ›Talisman‹. Die Salome hatte Anna auch schon gespielt. Wäre

Anna nicht immer das Opfer (fünf bis sieben Minuten zu sehen) und Carina die Kommissarin oder die Hauptverdächtige (mehr oder weniger ständig zu sehen) gewesen, sie hätten richtige Freundinnen werden können.

Die Rosen wurden aufgestreut, Anna legte sich vorsichtig drauf, der Nerd fragte dreimal, ob es so ginge. »Aber ja, viel bequemer als das Nagelbrett vom letzten Mal«, sagte Anna.

Der Nerd sah den Regisseur an.

»Bring ihn nicht auf blöde Ideen«, zischte Anna.

Als die Fakirnummer im Kasten war und Anna sich aufrappelte, stand der Vollidiot vor ihr. Outfit und Habitus glichen jenen des Regieassistenten. Erst bei genauem Hinsehen bemerkte Anna, dass dieser Jungregisseur schon einiges mehr an Leben konsumiert hatte. Seine Haut war ledrig und gerötet, und die Augen blickten eher abgeklärt als neugierig in die Welt. Er hielt ihr das Mikro unter die Nase wie einen Säbel. Abschlussjahrgang Filmakademie. Vor Tagen hatte er ihr ein Mail geschickt, ob er für seine Diplomarbeit ein Interview mit ihr machen dürfe. Anna hatte zugesagt. Der Vollidiot war sogar eigens zum Set nach Bad Radkersburg gefahren.

»Wer bist du?«, fragte er.

»Ich bin Anna Schneider«, sagte Anna.

»Aha. Und wer bist du?«

»Ich bin Schauspielerin. Spiele meistens fürs Fernsehen. Jetzt grad wieder in einem Krimi. Ich habe aber auch schon Kinofilme gemacht und Theater gespielt.«

»Jetzt hast du erzählt, wie du heißt und was du machst. Aber wer bist du?«

»Ja … wie ich schon sagte, Anna … Schneider. Ich bin

hier aufgewachsen. Und … ich habe eine Tochter, Stella. Zehn Jahre alt. Sie ist bei ihrem Vater. Wir sind geschieden. Es ging nicht mehr. Er hat sich verändert.«

»Du hast uns deine Familie vorgestellt. Aber wer bist du?«

»Was denn noch? Willst du, dass ich dir mein Innerstes präsentiere? Also nein … das …«

Der Vollidiot blieb einfach stehen, wartete. Anna kaute auf ihrer Unterlippe, warf eine Haarsträhne hinters Ohr.

»Ich bin … eher schüchtern. Ja, ich weiß, das passt nicht zu meinem Beruf, aber … Also ich bin nicht gut im Selfmarketing. Ich-AG und so, das ist nicht meins.«

Sie brach ab. Der Jungregisseur wartete, sagte schließlich: »Nun wissen wir, wie du bist. Aber wer bist du?«

Anna kaute auf ihrer Lippe, warf die nächste Haarsträhne hinters Ohr.

Irgendwann schob sich Roman zwischen Anna und die Kamera: »Schauspielerin«, sagte er und wedelte vor seinen Augen hin und her, »hohl!«

Anna stieß ihn zur Seite, aber der Vollidiot reagierte nicht, sondern ließ einfach den Film weiterlaufen. Irgendwann fiel seine affige Männerhandtasche von einem Stuhl. Er drehte sich um und sammelte sein Klump ein. Anna widerstand dem Helferreflex, verschränkte die Arme, stand still. Der Vollidiot machte sich davon, ohne sie noch ein weiteres Mal zu fragen, wer sie sei.

Klaus hatte Kinderdienst. Anna entschied sich für den gesunden Vormitternachtsschlaf. Länger dauerte er tatsächlich nicht. Sie riss sich die Schlafmaske vom Gesicht und lief zur Tür. Auf dem Gang stand Ferdinand Prohaska in Polizeiuniform. Dieselben Hängebacken wie damals, die gleiche monotone Stimme, nur älter.

»Ferdl, was ist denn?«, schimpfte Anna. »Kannst du nicht schlafen? Wieso weckst du mich mitten in der Nacht?«

»Darf ich reinkommen?«

Anna trat zur Seite.

»Du hattest heute Kontakt zu einem gewissen Alois Schachinger«, sagte Ferdinand. Er stellte sich noch linkischer an als Annas Kollege Hannes, der auf den dummen Polizei-August in diversen Krimiserien gebucht war.

»Ja«, sagte Anna, »der hat mich heute gefragt, wer ich bin. Irgendso ein Film über Identität oder was weiß ich. Warum?«

»Schachinger ist tot«, antwortete Ferdinand.

»Kann nicht sein. Wie tot?«

»Er ist in seiner Pension zusammengebrochen. Etwa eine Stunde, nachdem er dich für seinen Film interviewt hat.«

Anna schlug sich auf den Mund. »Ich glaub, ich spinn.«

»Ist dir etwas aufgefallen?«

»Nein. Wenn mir etwas aufgefallen wäre, dann hätte ich etwas unternommen. Einen Arzt gerufen oder die Rettung. Ich bin eher nicht der Typ, der sich denkt: Ach, da stirbt grad einer – interessant!«

»Ja. Aber ich muss dich das fragen. Wenn du nix bemerkt hast, ist es okay. Ich geh jetzt wieder.«

»Ist gut.« Anna schloss die Tür, riss sie dann wieder auf. »Woran ist er gestorben?«

»Ist noch nicht klar. Er war einmal ein Junkie. Vielleicht rückfällig geworden. Wer weiß.«

Anna schlich zurück ins Bett, lag zitternd unter der Decke. Das hatte sie ihm nicht gewünscht. Auch wenn sie ihn nicht mochte. Sie versprach seiner Seele, sollte sie noch da sein – im Niemandsland zwischen Diesseits und Jenseits – ihn nicht mehr Vollidiot zu nennen, sondern nur noch Alois.

Klaus scannte die Zeichnungen seiner Söhne. Anna betrachtete zwei kartoffelförmige Wesen ohne Hals und Beine. »Prinz und Prinzessin«, erklärte Klaus.

»Dachte ich mir«, antwortete Anna. »Hast du von dem toten Mann gehört?«

»Toten Mann? Du weißt doch, wir hier in der Südsteiermark sind bei solchen Angelegenheiten sehr verschwiegen.«

Anna glotzte ihn an.

Klaus knallte Prinz und Prinzessin auf den Tisch. »Beim Semmelnkaufen hat mir die Bäckerin alles erzählt. Dann der Trafikant und die Kassierin beim Billa. Deshalb weiß ich auch, dass du ihn gekannt hast.«

»Ach was, gekannt. Er hat mich interviewt. Für sein Abschlussprojekt an der Filmakademie.«

»Und?«

Anna fragte, ob Klaus das Prinzenpaar noch einmal ausdrucken konnte. Er nickte.

»Der Ferdl sagt, sie glauben, dass er rückfällig geworden ist. Er war ein …«

»Junkie. Hab ich schon gehört.«

»Aber …«

»Was aber?«

Anna kaute an ihrer Lippe, warf eine Haarsträhne hinters Ohr. »Als er im Park war, ist ihm seine Tasche heruntergefallen, und da ist sein Zeug rausgepurzelt.«

»Ja und?«

»Spritze war keine dabei«, sagte Anna.

»Was denkst du denn? Dass er den Stoff in seiner Tasche herumträgt?«

Anna kaute. »Wo sonst?«

»Hosentasche? Venen? Was weiß ich, bin ich ein Junkie?«

Anna kaute Lippe, warf Strähne. »Bevor ich meine Karriere als Leiche angefangen habe, hat es eine Zeit lang nicht so rosig ausgeschaut in meinem Leben. Und: Ich war jung und brauchte das Geld.«

Klaus riss die Augen auf: »Du hast Pornos gedreht?«

»Natürlich nicht. Aber an einem dieser Tage, an denen ich wieder einmal heulend bei meinem Agenten gesessen bin, hat er gesagt, wenn ich den Schweinkram nicht machen will, muss ich in die Werbung gehen. Ich fand das damals … im Vergleich …«

»Was hast du gespielt? Mama Putz beim XXX-Lutz?«

»Es war ein Spot für eine Pharmafirma. Pfalzner. Ein ziemlich großes Unternehmen.«

»Kenn ich«, sagte Klaus. »Die machen meine Kopfwehtabletten.«

»Ich hab eine Ärztin gespielt, die gefragt wurde, was sie von dem neuen Wirkstoff Blablabla hält. Und ich habe gesagt, dass es das Beste ist, was es zurzeit gibt. Der übliche Schmus halt.«

»Du warst eine Ärztin?«

»Expertenwerbung«, sagte Anna. »Sehr beliebt. Das sind keine echten Ärzte oder Installateure. Dr. Best war nie Dr. Best.«

»Ein Glück für den echten. Der falsche sah aus, als käme er aus dem Jenseits.«

Prinz und Prinzessin fielen aus dem Drucker. Anna schnappte sich einen Umschlag und steckte die beiden in ihre Tasche.

»Jedenfalls habe ich dort einen Werbespot für ein HIV-Medikament gemacht. Immunotex forte. Ziemlich gruselig. War nur für die Community gedacht.«

»Und?«

»So eine Schachtel ist dem Schachinger aus der Tasche gefallen.«

»Das heißt, er war infiziert.«

»Ja. Und zwar schon in einem fortgeschrittenen Stadium. Das Medikament ist für Patienten, bei denen die Krankheit schon ausgebrochen ist.«

»Dann wird er vielleicht auch daran gestorben sein. Man hört das immer wieder, dass Leute an Aids sterben.«

»Klaus! Das glaubst du doch selbst nicht. Der interviewt mich ganz normal … einigermaßen normal … und eine Stunde später stirbt er an Aids? Du solltest dir einmal ›Philadelphia‹ reinziehen. Dann siehst du es. Das dauert, bis man der Welt Adieu sagt.«

»Aha. Und was vermutest du?«

»Immunotex forte ist ziemlich heftig. Spricht zwar gut an, hat aber eine Menge arger Nebenwirkungen. Deshalb haben sie den Film gemacht, um die Leute zu beruhigen, dass es zwar unangenehm, aber nicht gefährlich ist, und dass es besser ist, mit Nebenwirkungen weiterzuleben, als ohne zu sterben.«

Klaus wiegte den Kopf. »Klingt überzeugend.«

»Bin mir nicht sicher. Ich glaub, dass du an diesen Nebenwirkungen sehr wohl krepieren kannst.«

»Das lässt sich recherchieren«, sagte Klaus und wandte sich zum PC.

Sie warteten auf Tausende Google-Einträge. Es kamen wenige, davon der überwiegende Teil Informationen zum Medikament direkt von Pfalzner.

»Seltsam«, sagte Klaus.

Er drehte sich in seinem Stuhl um und suchte nach seinem Handy. »Ich hab da eine Bekannte. Bei der die Kinder reiten gehen. Sie ist Tierärztin und hat einmal für Pfalzner gearbeitet. Jetzt betreibt sie ein Gestüt, in dem Kinder als Therapie reiten können.«

»Brauchen deine eine Therapie?«

»Die dürfen ohne Krankheit reiten. Weil Amelie mit der Pferdetante …« Er wischte über das Display, scrollte über eine Namenliste. »Da: Franziska Stadler. Das ist sie.«

»Wo wohnt sie?«

»St. Anna am Aigen 84.«

»Wollen wir mal einen Ausflug dorthin machen?«

Klaus nahm seine Jacke vom Stuhl, holte den Autoschlüssel. Statt des verbeulten rotfleckigen Ford Fiesta von einst stiegen sie in einen silbern glänzenden VW-Sharan.

Franziska Stadler war beim Ausmisten.

»Hallo«, sagte Klaus. »Ich bin der Mann von der Amelie, meine Burschen kommen zu dir reiten.«

»Ah, Klaus. Wo sind die tapferen Ritter?«

»Bei einem Freund. Einem, der eine Wii zu Hause hat.«

»Das ist natürlich lustig.«

»Ja. Amelie ist dagegen, dass sie Computer spielen. Wir haben keine Spielkonsole. Also gehen sie zu ihren Freunden.«

Franziska lachte.

»Ich bin aus einem anderen Grund hier. Das ist Anna. Sie ist meine Freundin. Von früher.« Anna bemerkte, dass Klaus rot wurde. »Wir sind zusammen ins Gymnasium gegangen. Ohne sie hätte ich die Matura nie bestanden.«

»Hi, Anna«, sagte Franziska und streckte ihr die Hand entgegen.

»Anna ist Schauspielerin und … ein Bekannter von ihr ist gestorben.«

Franziska hob die Augenbrauen.

Anna legte Klaus die Hand auf den Unterarm. »Ich bin Schauspielerin, wie gesagt. Und ich habe einmal einen Werbespot für Pfalzner gedreht. Da ging es um ein Medikament gegen Aids. Das hatte ziemlich starke Nebenwirkungen. Mein Bekannter hat dieses Medikament genommen.«

Franziska wandte sich dem Pferd zu und begann, es zu reinigen. Striegeln hieß das, soweit sich Anna erinnerte. »Über Aids-Medikamente weiß ich nichts«, sagte sie. »Ich bin Veterinärmedizinerin. Wir haben Präparate für Tiere entwickelt. Ich hatte mich auf Pferde spezialisiert.«

Anna räusperte sich. »Verstehe. Aber … also kann man … theoretisch an den Nebenwirkungen von Medikamenten sterben?« Sie erkannte selbst, wie dämlich die Frage klang. »Ich meine, das wird doch alles getestet.«

Franziska kraulte das Pferd zwischen den Ohren. Dem Pferd schien es egal zu sein.

»Allerdings. Ihr macht euch keine Vorstellung, wie viel es kostet, ein Medikament zu entwickeln. Ein paar Hundert Millionen Euro.«

»Für ein einziges Medikament?«

»Ja. Bei uns in der Tiermedizin ist es billiger, aber die Humanarzneien sind unbeschreiblich teuer.«

»Und was, wenn ein Medikament dann nicht zugelassen wird?«

Franziska lachte kurz. »Das ist eine Katastrophe, wenn du bis zu Phase 3 gekommen bist, und dann geht es nicht durch.«

»Diese Prüfungen sind ziemlich streng, oder?«

»Klar«, antwortete Franziska. »Wenn ein Arzt einen Kunstfehler macht, ist ein Patient davon betroffen, wenn die Pharmaindustrie ein gefährliches Produkt herausbringt, können Hunderttausende geschädigt werden.«

»Ja, dann … Danke, du hast uns sehr geholfen«, sagte Klaus förmlich.

»Warum hast du bei Pfalzner aufgehört?«, fragte Anna, obwohl Klaus sie schon zur Tür hinausdrängte.

Franziska klopfte dem Pferd auf den Hintern. »Ich hab den Druck nicht mehr ausgehalten«, sagte sie, »und bin froh, dass ich hier gelandet bin und vom Gestüt leben kann. Das Anwesen gehörte meiner Großmutter. Keiner wollte es haben. Glück für mich.«

Anna nickte. Ihre Eltern hatten sie auch schon gefragt, was mit dem Haus geschehen solle, ob sie es behalten wolle. Anna hatte ausweichend geantwortet. Was hätte sie sagen sollen? Ja bitte, vererbt es mir, ich werde es an den Meistbietenden verkaufen?

»Siehst du«, sagte Klaus, als sie im Sharan saßen. »Da war nix mit dem Medikament. Das wird alles genau geprüft, da kann nix sein. Dein Freund ist an etwas anderem gestorben. Vielleicht hat der Ferdl recht … obwohl das wirklich das erste Mal wäre.«

Anna seufzte. »Gut«, sagte sie. »Kann ich beruhigt nach Wien zurückfahren. Stella ist mit ihrem Vater am Gardasee. Eine Gelegenheit, mich einmal richtig zu entspannen.«

»Bleib doch noch«, schlug Klaus vor, »wohnst ja umsonst im Tosca.«

Im Hotel checkte sie ihre Mails und stellte fest, dass es keinen Grund gab, gleich wieder abzureisen. Das nächste Engagement war erst im September. Anna besuchte ihre Volksschulfreundin Hanna, die in Halbenrain [85] Deutsch unterrichtete, gerade Ferien hatte und eine intime Kennerin sämtlicher Wellnessoasen der steirischen Thermenregion war.

»In Bad Gleichenberg [86] ist der fescheste Masseur«, sagte sie kichernd. Auf dem Rückweg hörten sie es im Radio: Franziska Stadler, Reittherapeutin aus St. Anna am Aigen, war in ihrem Stall tot aufgefunden worden. Anna schrie auf, bat, das Radio lauter zu stellen.

Hanna starrte sie an. »Jessas«, sagte sie, »mit dir bekannt zu sein, ist gefährlich.«

Anna antwortete nicht.

In ihrem Zimmer kotzte sie ins Waschbecken.

Klaus saß über einer Karikatur des steirischen Landeshauptmanns. Anna war nicht zum Lachen, Klaus auch nicht.

»Lass uns hinfahren.«

»Wohin?«

»Nach St. Anna, zu dem Pferdehof.«

»Spinnst du? Ich bin doch nicht die Polizei. Der Ferdl sucht dich übrigens.«

»Warum denn diesmal?«

»Die Franziska wurde umgebracht.«

»Ich hab's mir gedacht.«

»Es muss etwas mit dir zu tun haben.«

»Wieso?«

Klaus nahm einen roten Jolly, legte ihn wieder hin. »Die Leiche lag auf einem Bett aus geköpften Rosen.«

»Ach du Scheiße!« Anna stemmte die Hände in die Hüften. »Ich will wissen, was das alles soll«, sagte sie. »Können wir jetzt bitte fahren?«

Klaus drehte sich auf seinem Stuhl zu ihr. »Das ist nicht wie in deinen Fernsehkrimis«, sagte er unfreundlich. »Wir sind keine Polizisten und keine Tatortarbeiter oder wie das heißt. Was glaubst du, was wir zwei Dolme dort finden werden?«

»Ich weiß es nicht«, sagte Anna. »Aber irgendetwas muss es doch bedeuten, dass sie Franziska so hingelegt haben.«

»Ja, verdammt noch einmal. Und ich weiß auch, was: Halt dich da raus!«

Anna ließ die Arme fallen. »Eine Warnung. Das könnte sein. Und ich sag dir: Es geht um diese Pharmafirma.«

»Ist mir vollkommen egal!«, brummte Klaus.

»Früher warst du nicht so lahm.«

»Du hast dich hingegen nicht geändert!«, brüllte Klaus. »Du bist genau wie damals. Du ziehst das Unglück an. Immer passiert etwas, wenn du da bist!«

»So? Was ist dir denn Schlimmes mit mir passiert?«

»Weißt du noch, wie uns die Bellini beim Schwänzen erwischt hat und wir nachsitzen mussten?«

»Ja. Und weißt du noch, wie uns der Bartl beim Abschreiben erwischt hat? Und zwar, weil du zu blöd warst, den Schummelzettel aus dem Heft zu nehmen?«

Klaus schnaufte. »Du hast überhaupt keine Ahnung, was hier los ist! Kommst einmal im Sommer her und spielst die Diva. Das hier ist nicht Hollywood. Die Sache ist ein bisschen komplizierter.«

»Was meinst du?«

Klaus wischte sich die Hände in die Jeans. »Unser lieber Exbürgermeister hatte große Pläne für die Stadt. Leider waren seine Projekte nicht billig.«

»Hat er sich verspekuliert?«

»Ja. Radkersburg ist überschuldet.«

»Was hat das mit Franziska Stadler zu tun?«

»Nichts. Aber mit Pfalzner. Die wollen hier einen neuen Standort errichten. Was glaubst du, was das für uns bedeutet: Arbeitsplätze, Steuereinnahmen …«

Annas Lippe blutete, sie tupfte mit einem Taschentuch darauf herum und warf ihre Haare in den Nacken. »Ich kann es nicht glauben, Klaus, was ist aus dir geworden? Früher haben wir gegen Pharmafirmen demonstriert, jetzt bist du dafür, dass sich die hier ansiedeln. Hast du denn alles vergessen?«

Klaus sah zu Boden. »Hab ich nicht. Und mir wäre es auch lieber, wenn statt der Pillen Vasen auf einer Töpferscheibe gedreht würden. Ich fürchte nur, dass man mit Vasen kein Geld machen kann. Schau dich um, Anna. Vor zehn Jahren haben wir geglaubt, jetzt wird alles anders. Mit der offenen Grenze wird die Gegend florieren. Nichts ist geschehen. Der Ort stirbt, wenn nicht bald etwas geschieht. Pfalzner ist unsere letzte Chance.«

Anna schnappte ihre Tasche. »Du redest wie die Spießbürger im ›Besuch der alten Dame‹. Ich fahr da allein hin!« Sie rannte hinaus, Klaus hinterher. Die Fahrt nach St. Anna dauerte 20 stille Minuten.

Den Stall konnten sie nicht betreten, er war von der Polizei versiegelt worden. Das Haus seltsamerweise nicht, und die Tür war, wie hier üblich, nicht abgeschlossen. Ferdl war wirklich kein guter Detektiv.

Franziska liebte Schuhe. Ihr Abstellraum war ein Schuhkartonlager. Sie öffneten die Schachteln. Anna pfiff durch die Zähne: »Sie hat Geschmack. Vielleicht finden wir ein Paar Louboutins.«

»Wenn du Schuhe mit roten Sohlen willst, gib mir deine, ich mal sie dir an!«, fauchte Klaus.

Anna wusste, dass er sarkastisch sein konnte, aber bis jetzt waren immer andere die Opfer seines Spotts geworden. Anna bevorzugte das.

»Hier«, sagte er und holte grüne Gummistiefel mit orangeroter Sohle aus einem Karton: »Da hast du deine Louboutins.« Er kippte die Unterseite des Stiefels zu ihr, wobei etwas aus dem Inneren herausrutschte und auf den Boden fiel. Es war eine Festplatte.

Anna hatte gehofft, geheime Dokumente der Pharmafirma zu finden. Es waren Fotos. Private Aufnahmen – harmlose: Geburtstagsparty mit einer älteren Dame, Ausflüge in die Umgebung, Anna erkannte die Murecker Schiffsmühle 87 und die Burgruine Klöch 88 – und weniger harmlose: Sex mit einem jüngeren Herrn. Irgendwann war statt des erigierten Penis ein Gesicht zu sehen. »Den kenn ich!«, schrie Anna und deutete auf den Bildschirm. »Den kenn ich. Das war einer von denen, die mich engagiert haben. Einer vom Marketing. Mein Gott, wie hat der geheißen? Los, google Pfalzner und schau nach.«

Sie fanden nichts.

»Himmel, wie heißt der? Sein Name war irgendwas mit Wald. Wäldler oder so ähnlich.«

»Willi Forst«, sagte Klaus.

Sie schlug ihm auf die Schulter. »Klaus, du bist genial.«

»Der heißt Forst. Im Ernst?«

»Nein. Förstel. Markus Förstel.«

Über Markus Förstel wusste das gescheite Google einiges. Er war verheiratet, hatte einen Sohn und arbeitete seit 2008 als Mitarbeiter im Marketing von Pfalzner am Standort Wien.

»Das müssen wir dem Ferdl sagen, von allein kommt er nie drauf, dass die Franziska mit diesem Förstel ein Verhältnis hatte.«

»Gute Idee. Und woher wissen wir das? Ha?«

Anna überlegte: »Von Amelie. Die war mit Franziska befreundet. Wir machen es wie im Fernsehen. Wir sagen, wir sind uns nicht sicher, ob es wichtig ist, aber Frau Stadler hatte ein Verhältnis mit Herrn Förstel.«

Klaus wischte übers Smartphone: »Hallo, Lili. Hat dir Franziska jemals von einem Markus Förstel erzählt?« Er zog die Brauen zusammen und lauschte. »Aha. Ja. Nein, glaub ich nicht. Aber die Anna … ja, wir gehen dann zur Polizei. … Gut, bis später.«

»Die beiden sind seit einem halben Jahr getrennt. Franziska hatte keine Lust mehr, darauf zu warten, dass sich der Förstel scheiden lässt.«

»Siehst du«, Anna hämmerte auf Klaus' Schulter ein, »wir müssen nicht einmal lügen.«

»Nein«, sagte Klaus und betrachtete das Smartphone. »Die Info hätten wir leichter haben können.«

Ferdl war nicht erfreut über Annas und Klaus' Hilfe.

»Du hättest längst hier sein sollen«, sagte er, als Anna geendet hatte. »Überhaupt: Was mischt ihr euch ein?«

»Aber hallo? Du hast mich vorladen lassen, weil du gemeint hast, es gibt einen Zusammenhang zwischen mir und Frau Stadlers Tod!«

»Ach was«, schnaubte Ferdl, »das mit den zerschnittenen Rosen war ein Ablenkungsmanöver. Jeder hier hat die Filmarbeiten mitgekriegt. Die ganze Stadt hat darüber geredet, dass du auf stacheligen Stängeln liegen musst. Da hat sich der Mörder gedacht: Wenn ich die Leiche auf abgeschnittene Rosen lege, schaut es so aus, als hätte es was mit dem Film und der Crew zu tun.«

»Stimmt«, sagte Anna, »das glaube ich auch. Und in welche Richtung ermittelt ihr?«

»Das darf ich euch nicht sagen.«

»Ferdl, wie lang kennen wir uns?«

»Seit du klein warst«, antwortete er. »Du warst schon damals schlimm.«

»Was ist eigentlich mit diesem Filmemacher?«, fragte Klaus.

»Überdosis. Wie ich es vermutet habe. Wir haben eine benutzte Spritze gefunden, die Pupillen waren erweitert, alles klar.«

»Dann glaubt ihr also, dass das eine mit dem anderen nix zu tun hat?«

»Das glauben wir.«

»Aber die Stadler hat bei Pfalzner gearbeitet. Und der Schachinger hat ein Medikament von Pfalzner genommen.«

»Dann war es wahrscheinlich der Apotheker, der verkauft nämlich Medikamente von Pfalzner.«

»Oder der Bürgermeister«, ergänzte Klaus.

»Wieso der Bürgermeister?«, fragte Ferdl.

»Der verhandelt mit Pfalzner über den neuen Standort.«

»Das ist was anderes«, sagte der Ferdl. »Wenn wir so anfangen, bin ich auch verdächtig. Schaut her. Meine Blutdruckmittel.« Er hielt eine weiße Schachtel mit einem gelben und einem blauen Streifen in die Höhe.

»Solltest gleich eine nehmen«, sagte Klaus.

Der Ferdl regte sich umsonst auf. Anna mischte sich nicht mehr ein. Carina Holm hatte ihr ein SMS geschickt. Sie war krank geworden und konnte die Salome Pockerl nicht spielen. Da Anna erzählt hatte, dass sie die Rolle konnte, hatte Carina Anna als Einspringerin vorgeschlagen. Halsentzündungen waren ein Segen. Besonders solche mit totaler Heiserkeit.

In Straden hatte sie keinen Empfang – kein Handy, kein Mail. Als sie nach Wien zurückkam, quoll ihr Postfach über. Das meiste war Werbung für Penisverlängerungen und Standhaftigkeit. Kein neues Rollenangebot. Dann ein Mail von Klaus. Er hatte einen Artikel aus der Regionalausgabe der Kleinen Zeitung eingescannt: Mord an Reittherapeutin geklärt. Der Redakteur, offensichtlich einer, der noch nie in Bad Radkersburg gewesen war, zitierte Ferdinand. Er sagte, es habe sich um eine klassische Beziehungstat gehandelt. Der ehemalige Liebhaber, Markus F., habe es nicht verwinden können, dass Franziska Stadler ihn abserviert hatte. Ah ja.

Der Posteingang offerierte schließlich noch eine Einladung zu einer Filmvorführung in der Akademie. Eine Emily Laska, Studienkollegin von Alois Schachinger, hatte seinen Film fertiggemacht und zeigte ihn in der Akademie im Gedenken an Alois. Anna ging nicht hin.

Sie kappte eine Flasche Rotwein, die, als hätte sie auf Anna gewartet, auf dem Couchtisch stand, knotzte sich vor den Fernseher. Irgendwo läutete ein Handy. Es dauerte, bis Anna bemerkte, dass es nicht im Film war.

»Na endlich«, blaffte Klaus sie an. »Wozu hast du ein Telefon, wenn du nie abhebst?«

»Was ist denn los?«, fragte sie.

»Die haben uns drangekriegt«, sagte Klaus. »Richtig drangekriegt.«

»Wer?«

»Erinnerst du dich an den schwulen Reinhard, unseren Schulkollegen?«

»Ja, was ist mit dem?«

»Ich hab ihm damals ein Mail geschrieben. Wegen Alois Schachinger.«

»Der war nicht schwul. Der hatte eine Freundin, Emily Dingsbums. Die zeigt grad den Film, den er gemacht hat. Du weißt schon, dieses Identitätsgeschwafel.«

»Aber er hatte Aids.«

»Stimmt. Ziemlich mutig von dieser Emily, sich mit dem einzulassen.«

»Bist du betrunken?«

»Ja, aber nur ein bisschen.«

»Setz dich an den Laptop, ich forwarde dir das Mail von Reinhard.«

Anna nickte. Erst später fiel ihr auf, dass Klaus das wohl nicht sehen konnte.

Reinhard entschuldigte sich, dass er sich nicht früher gemeldet hatte. Er war mit seinem Freund auf Hawaii zum Surfen. Auch nicht schlecht! Dann kam er endlich zur Sache: »Das Aids-Medikament, nach dem du mich gefragt hast, ist ein Hammer. Es hat extreme Nebenwirkungen. Wir haben die Community auf unserer Website gewarnt, es zu nehmen, und auch einige Erfahrungsberichte draufgestellt. Bis wir eine Unterlassungsklage von Pfalzner bekommen haben. Die haben uns ihre Anwälte auf den Hals gehetzt und gesagt, wenn wir noch ein Wort gegen Immunotex forte schreiben, dann sorgen sie dafür, dass nicht nur die Website vom Netz genommen wird, sondern die ganze Initiative zusperren kann.«

Anna schnappte das Handy. »Was denkst du?«, fragte sie ohne Begrüßung.

»Ich denke, dass du recht hattest. Schachinger ist an den Nebenwirkungen von Immunotex forte gestorben. Und die Pharmafirma wollte das vertuschen. Hast ja gehört, wie viel das kostet, so ein Medikament zu entwickeln.«

»Und die Spritze in seinem Zimmer?«

»Immunotex forte kann man intravenös anwenden. Das tun die Ex-Junkies, weil die es ja können.«

Anna stützte den Kopf in die Hände.

»Und Franziska?«

»Hat ihrem Exlover in der Exfirma vielleicht unangenehme Fragen gestellt. Du solltest das Mail von Reinhard am besten gleich löschen. … Anna! Anna, hörst du mich?«

FREIZEITTIPPS BEZIRK SÜDOSTSTEIERMARK:

81 Bad Radkersburg: Über 700 Jahre alte Festungsstadt an der Mur, unmittelbar an der Grenze zu Slowenien gelegen. Historische Bauwerke aus dem Hochmittelalter, der Renaissance und dem Barock, romantische Gässchen und Innenhöfe. 1978 als einziger Ort in Österreich mit der Europagoldmedaille für Denkmalpflege ausgezeichnet. Wahrzeichen: der achteckige Rathausturm auf dem Hauptplatz. Erholung und Entspannung in der Parktherme.

82 Stadtpark Bad Radkersburg: Flanieren und Verweilen zwischen Parktherme, Innenstadt und Mur. Seit 2012 mit neuen Wegen, Sitznischen und neuer Bepflanzung.

83 Straden: Mit vier Kirchen und drei Kirchtürmen weithin sichtbarer Ort auf 376 Meter Seehöhe gelegen. Kultur wird im KulturHausKeller geboten, regionale Delikatessen und Weine von mehr als 30 Landwirten und Winzern aus dem Vulkanland in der Greißlerei de Merin nebenan: vom Wollschwein-Lardo bis zum Stradner Grauburgunder. Durchkosten!

84 St. Anna am Aigen: Einer der Gründe, hierherzukommen, ist die Gesamtsteirische Vinothek. Ein zweiter, der ›Weinweg der Sinne‹. Gehzeit: je nach Routenwahl zwei bis sechs Stunden, die Verweildauer in den umliegenden Buschenschanken nicht mit eingerechnet. Ein dritter Grund: der Waltrafelsen – eine

steile Basaltwand mit Höhlen, die lange vor Christus bewohnt waren.

85 Schloss Halbenrain: 1724 von den Grafen Stürgkh erworben, 1980 verkauft. Heute ist die Fachschule für Land- und Ernährungswirtschaft im Schloss untergebracht. Keine offiziellen Besichtigungen möglich, kurz hineinschauen kann man aber. Herrlicher Garten, entzückendes Schlösschen.

86 Bad Gleichenberg: Schon die Römer wussten ob der Heilkraft des Bad Gleichenberger Wassers. Der Kurort wurde im Biedermeier gegründet und auch von Hoheiten wie Kaiser Ferdinand 1847 besucht. Das alljährliche Biedermeierfest wird in historischen Kostümen im Kurpark der Therme gefeiert, im ›Grünen Salon‹, wie der 20 Hektar große Park genannt wird. Sehenswerte regionsuntypische Flora wie etwa ein Mammutbaum aus dem Jahr 1872.

87 Murecker Schiffsmühle: an der Mur gelegen, nach historischem Vorbild errichtet, nach Hochwasserschäden wieder in Betrieb. Direkt gegenüber: das exzellente Restaurant ›Mühlenhof‹. Drumherum: der Au-Erlebnisweg, der durchs zweitgrößte Auwaldgebiet Österreichs führt.

88 Burgruine Klöch: Renovierte Burg mit 35 Meter hohem Aussichtsturm, von Ostern bis Allerheiligen nachmittags geöffnet. Darüber hinaus: Konzerte, Theater- und Kabarettvorstellungen, Lesungen und

Weinverkostungen. Im Ort: Vinothek mit Weinmuseum. Rund um Klöch: Klöcher Traminerweg. Gehzeit: je nach Routenwahl bis zu fünf Stunden. Unbedingt Klöcher Traminer verkosten.

Außerdem sehenswert:

89 Schloss Kapfenstein: Die vom 10. bis ins 11. Jahrhundert erbaute Burg war jahrhundertelang Festung gegen Magyaren, Türken und Kuruzen. Heute lässt sich im Schloss herrschaftlich logieren und speisen. Fantastischer Blick auf die umliegenden Weinberge des Vulkanlandes.

90 Pavelhaus Laafeld: Kleines Museum, das sich den Slowenen in Österreich und der deutschsprachigen Minderheit in Slowenien widmet. Begegnungsstätte zwischen den Minderheiten und Österreichern. Ein Schwerpunkt sind die Roma in Slowenien. Viele Veranstaltungen.

91 Murfähre Weitersfeld: Letzte funktionstüchtige Rollfähre über die Mur. Seit rund 150 Jahren für den Transport von Holz und Gemüse zwischen dem österreichischen Weitersfeld und dem slowenischen Sentilj genutzt, auch von Touristen und Radfahrern.

SÜDSTEIERMARK (BEZIRK LEIBNITZ)

Wilfert und die Leiche im Attemsmoor

Andrea Stift

Wilfert war schon im Bett gewesen, als der Anruf kam. Er schlief immer schlecht, wenn er nicht bei Andrea war. Andrea war im Burgenland und kümmerte sich um ihre Cateringfirma, Wilfert aber war hier, im Hotel Römerhof, nicht weit entfernt vom sich zwischen zwei Kirchen ausstreckenden Leibnitzer Hauptplatz, und versuchte, einzuschlafen. Den Anruf erwartete er erst am nächsten Vormittag.

»Morgen um zwölf. Bei der Warte am Platsch 92.«

»Platsch? Wo ist das denn?«

»In Spielfeld, direkt an der Grenze. Die Warte ist nicht zu verfehlen.«

»Aber …«

Der Anrufer hatte aufgelegt. Wilfert linste auf sein Handy. Andrea war sicher nicht mehr munter, er würde sie in der Früh anrufen. Jetzt würde er vor Aufregung gewiss nicht mehr einschlafen können. Zweieinhalb Minuten später schnarchte er wie ein Holzfäller.

Am Morgen, noch vor dem Frühstück, rief Wilfert seine Andrea an. Als gebürtige Spielfelderin konnte sie ihm sicher weiterhelfen. Andrea reagierte ungeduldig.

»Aber Wilfert! Die kennst du doch!«

»Äh …«

»Oben am Berg. Wir haben sie bereits oft von Weitem gesehen.«

»Waren wir schon einmal dort?«

»Nein. Leider. Ist sich nie ausgegangen. Und du hast gesagt, du hast Höhenangst.«

»Ach …« Wilfert mochte es nicht so gerne, auf seine Schwächen angesprochen zu werden.

»Die Warte findest du, indem du in Spielfeld rauf fährst bis zu dem Kapellchen, bei dem meine Familie früher immer bei der Fleischweihe war. Kannst du dich erinnern?«

Wilfert überlegte. Andrea war dort mit ihm spazieren gegangen und hatte ihm von ihrer Kindheit erzählt. Die schöne Aussicht neben dem Kapellchen hatte man inzwischen in einen Parkplatz umgewandelt.

»Dort fährst du vorbei, runter, rauf, es ist eh angeschrieben. Das letzte Stück gehst du zu Fuß durch den Wald. Die Aussichtswarte ist dann auf der slowenischen Seite. Wann musst denn dort sein?«

»Um zwölf. Wenn ich erst einmal in Spielfeld bin, werd ich mich schon durchfragen.«

»Wenn du oben bist, vergiss nicht, *dober dan* zu sagen.«

Beim Frühstück dachte Wilfert nach. Vor zwei Tagen hatte der Anrufer sich das erste Mal gemeldet und gefragt, ob er bei ihm richtig sei, beim Privatdetektiv Wilfert. Es gelte, einen Mord zu klären. Einen Mord, von dem er, der Anrufer, als Einziger felsenfest überzeugt sei, dass es ein Mord war. Ob sie sich treffen könnten. Er würde sich mit einem geeigneten Treffpunkt melden, Wilfert solle sich erst einmal im Römerhof einquartieren. Wilfert hatte freudig zugestimmt, denn mit dem Römerhof verband er romantische Erinnerungen in Bezug auf seine Andrea. Nun saß er hier beim Frühstück, gespannt wie ein Pfitschipfeil und lüstern wie ein junger Hund. Endlich hatte er wieder einen Fall.

Drei Stunden später stand Wilfert vor der Aussichtswarte. Sie war riesig. Sie war aus Metall. Probeweise bestieg er die ersten Stufen. Das ging ganz gut, aber nach unten schauen durfte er nicht. Als er endlich oben angekommen war, fühlte er sich wie ein in Schweiß gebadeter Pudding.

»Grüß Gott«, sagte ein sehr kleiner grauhaariger Mann in blauem Arbeitsoverall. Seine tiefe Stimme passte überhaupt nicht zu seiner Statur. Andrea hätte den Mann wohl ein Zniachtl genannt.

»Dober dan«, sagte Wilfert, wie Andrea es ihm aufgetragen hatte. Der Mann schmunzelte. Seine Zähne waren so gelb wie seine Finger. Wahrscheinlich selbstdrehender Kettenraucher, dachte Wilfert.

»Schön, dass Sie hergefunden haben.«

»War nicht schwer«, schwindelte Wilfert und versuchte krampfhaft, seinen Blick nicht vom kleinen Mann abzuwenden.

»Ojegerl, haben Sie Höhenangst? Das hätte ich bedenken sollen. Aber hier oben sind wir wirklich ungestört. Schauen Sie, man sieht in alle Richtungen. Da drüben ist die Kirche von St. Veit 93. Die erkennt man immer wegen ihrer zwei Türme. Und dort drüben«, der kleine Mann mit den gelben Zähnen schien wirklich wahnsinnig begeistert von der Aussicht zu sein, »ist das Schloss Ehrenhausen 94. Mit dem Mausoleum. Das kennen Sie wahrscheinlich. Und da hinten …«

Wilfert musste ihn einbremsen. Er wollte so schnell wie möglich wieder nach unten und festen südsteirischen Boden unter den Füßen spüren.

»Sie wollten mir ja etwas erzählen, oder?«

Der kleine Mann ließ seinen richtungsweisenden Arm sinken und wandte sich Wilfert zu.

»Ja«, begann er. »Es geht um meine Nichte.«

In den nächsten zehn Minuten hörte Wilfert einfach nur zu. Die Geschichte des zniachteligen Mannes im Arbeitsanzug fesselte ihn so sehr, dass er zusehends darauf vergaß, höhenängstlich zu sein. Und während der kleine Mann erzählte, begann es in Wilfert bereits zu arbeiten. Sobald er wieder von der Warte herunten war, würde er nach Straß fahren. Dort war das Unglück nämlich passiert.

»Es war kein Unglück«, begann der Mann. Er zog ein blaues Packerl mit Tabak aus der linken Hosentasche und Wuzelpapier aus der rechten. »Meine Nichte ist begeisterte …«, er hielt kurz inne, blickte auf die Utensilien in seiner Hand, begann langsam, den Tabak auf dem Papier zu verteilen, und fuhr dann fort. »Meine Nichte *war* begeisterte Vogelkundlerin. Hobbyornithologin. Das Wort habe ich von ihr gelernt.« Er hielt wieder kurz inne.

Wilfert vermeinte, die Mundwinkel des Mannes zucken zu sehen. »Sie ist vor zehn Tagen verunglückt. In Straß. Aber ich glaube einfach nicht, dass es ein Unfall war. Sie war immer in der freien Natur, sie hat sich ausgekannt! Aber die Polizei hat den Fall schon abgeschlossen.«

Der Mann wuzelte seine Zigarette, ohne einmal hinzusehen, und fuhr fort.

»Spaziergänger haben sie im Moor gefunden. Im Attemsmoor 95. Das ist in Straß. Kennen Sie Straß?«

Wilfert nickte. Natürlich kannte er Straß. Das war ja gleich neben Spielfeld. Im Moor war er mit Andrea zweimal spazieren gewesen. Es war ein sehr schöner Wald mit vielen nassfeucht schimmernden Stellen. Wilfert hatte sich unter einem Moor allerdings etwas Beeindruckenderes vorgestellt, und Andrea hatte ihm *die Wadln viere richten* müssen, also ihm ordentlich die Meinung gesagt: »Das ist das einzige Moor weit und breit! Mit nationaler Bedeutung!«

»Ja aber die Autobahn …« Tatsächlich hörte man das Rauschen der nicht weit entfernten Autobahn.

»Autobahn, Autobahn, papperlapapp. Die Autobahn kann man halt nicht wegzaubern. Jetzt schau halt amal die Frösche an!«

Und Wilfert hatte sich von Andrea anstecken lassen und sich beim ersten und einzigen Frosch des Tages, den er zu Gesicht bekommen hatte, gefreut wie ein Hutschpferd.

»Malwina war oft im Moor. Sie hat sich eingebildet, dass dort der Ziegenmelker lebt, ein sehr seltener Vogel, den man in Mooren normalerweise nicht findet. Wegen ihm ist sie auch immer schon in aller Früh dort hingegangen.«

»Malwina?«

»Meine Nichte. 23 ist sie gewesen. Eltern hat sie keine mehr gehabt, sie hat bei mir gelebt. Jetzt ist sie tot.«

Der grauhaarige Mann hatte die Zigarette hinter sein Ohr gesteckt und dort vergessen.

»Die armen Kinder«, fuhr er dann fort.

»Kinder?«

»Es war eine Straßer Familie mit Kindern. Die Kinder haben Malwina gefunden. Mit dem Gesicht nach unten. Bei der Aussichtsplattform.«

Wilfert erinnerte sich. Die Plattform war leicht erhöht und aus Holz. Man konnte dort Schautafeln betrachten und auf Frösche warten. Genau das hatten Andrea und er damals gemacht.

»Ist Ihre Nichte ertrunken?«

»Ertrunken? Das haben sie zuerst alle geglaubt.« Nun rauchte der Mann endlich seine Gewuzelte an. Es schien ihm kein Vergnügen zu bereiten. »Ich bin übrigens der Franz«, sagte er dann.

»Wilfert.«

»Hawidere, Wilfert. Nein, ertrunken ist sie nicht. Man hat einen Schlangenbiss an ihr gefunden. Und da ist genau das Problem. Bei uns gibt es keine Giftschlangen. Weit und breit nicht. Alles, was man hier findet, sind Blindschleichen und Ringelnattern.«

»Und das hat die Polizei nicht …«

»Die Polizei hat gesagt, da hat wahrscheinlich irgendein Depp sein Terrarium ausgeleert. Eine Schlange freigelassen. Eine Giftschlange.«

»Das klingt nicht unwahrscheinlich. Hat es eine Autopsie gegeben?«

»Ja. Das Gift stammte von einer Schlange namens … Moment, ich hab mir den Namen nicht gemerkt …« Franz zog einen nicht mehr ganz sauberen Zettel aus der Tasche, auf dem ›Dendroaspis Polylepis‹ geschrieben stand.

Wilfert starrte ratlos darauf. Ein Schlangenexperte musste her.

Die Biologin Leopoldine Hintlinger aufzutreiben, war nicht schwer. Schwieriger hingegen war es, sie auch leibhaftig anzutreffen. »Die ist immer unterwegs und sucht nach ihren Viechern«, hatte eine ungeduldige Männerstimme gemeint, als Wilfert unter der Nummer, die er im Internettelefonbuch gefunden hatte, anrief. Die ungeduldige Männerstimme hatte ihm noch eine Handynummer diktiert und dann aufgelegt. Leopoldine Hintlinger war tatsächlich unterwegs. »Wir können uns beim Schloss Waldschach [96] treffen. Ich bin dort wegen der Knoblauchkröte. Um drei?«

Trotz genauer Beschreibung durch den Rezeptionisten vom Römerhof war es gar nicht so einfach, nach Waldschach zu finden. »Richtung St. Nikolai im Sausal, und dort ist das Schloss schon angeschrieben. Es ist gleich neben dem See. Das finden Sie schon.« Hier in der schönen Südsteiermark schien jedermann davon überzeugt davon, dass Wilfert *es schon finden würde*. Aber wie auch bei der Warte am Platsch, gelang es Wilfert tatsächlich, anzukommen, wenn auch mit einiger Verspätung.

Schloss Waldschach war klein, aber einladend. Wilfert parkte neben dem angedeuteten Kreisverkehr. »Haben Sie gut hergefunden?« Eine runde Frau mit herzlichem Gesicht kam ihm entgegen. Sie trug Gummistiefel und einen Haarreifen in den silbern glänzenden Haaren. »Nicht gleich«, antwortete Wilfert, »ich hoffe, Sie mussten nicht zu lange warten.«

»Na na. Ich glaub eigentlich nicht, dass ich heute fündig werde. Das letzte Mal, dass man hier eine Knoblauchkröte gesehen hat, war irgendwann in den 80ern.«

»Hier?« Wilfert sah sich um und bemerkte erst dann die Aussicht auf den See.

»Das ist der Waldschacher See [96]. Hören Sie die Frösche? Ich mag die Gegend sehr gern. Der Demmerkogel [97] ist auch nicht weit weg, da gibt es eine Schmetterlingswiese, ich sag's Ihnen, eine wahre Fundgrube!«

Leopoldine Hintlinger war eine sehr sympathische Biologin. Wilfert hatte sofort das Bedürfnis, sich Flora und Fauna der Steiermark von ihr erklären zu lassen. Er war ja schon froh, wenn er das Keckern eines Fasans als solches erkennen konnte. Trotzdem durfte er nicht auf den Grund seines Herkommens vergessen.

»Frau Hintlinger«, sagte er, »ich wollte Sie eigentlich nur kurz etwas fragen. Schauen Sie«, mit diesen Worten zog er den Zettel aus der Tasche, auf dem ›Dendroaspis Polylepis‹ geschrieben stand, und reichte ihn der Biologin. »Gibt es diese Schlange hier in der Gegend?«

Leopoldine Hintlinger begann ungläubig zu kichern. »Die Schwarze Mamba? Seien Sie mal froh, dass es die bei uns nicht gibt. Hochgiftig, absolut tödlich. Finden Sie höchstens in Terrarien. Ich hab es nicht so mit Terrarien. Ich bin lieber draußen in der freien Wildbahn.«

»Wissen Sie, was passiert, wenn man gebissen wird?«

»Sicherlich. Mambas produzieren ein Neurotoxin. Die Muskeln des Opfers werden gelähmt, und der Tod tritt durch Atemlähmung ein. Wenn ich einer Schwarzen Mamba begegnen würde, bistudeppert. Da hätt ich schön Angst. Wie kommen Sie überhaupt darauf?«

Wilfert erzählte kurz von seinem Fall. Als er das Attemsmoor erwähnte, leuchteten die Augen der Frau Leopoldine auf. »So ein schöner Ort! Was es dort nicht alles gibt.

Rohrammern, Schwanzmeisen. Die frühe Adonislibelle. Den Kleinen Blaupfeil!«

Und jetzt, dachte Wilfert, gibt es dort auch eine Schwarze Mamba.

Frau Hintlinger hatte Wilfert noch ihren Lieblingsbuschenschank genannt, bevor sie sich verabschiedete, um die seltene Knoblauchkröte zu suchen, die übrigens nur nach Knoblauch roch, wenn sie arg erschreckt wurde. Der Buschenschank hieß Adam und war doch ein ganz schönes Stück von Waldschach entfernt. Aber, so hatte Frau Hintlinger gesagt, es lohne sich wirklich, ihn aufzusuchen. Der Adam war am Schererkogl [98], und der Schererkogl war in der Nähe von Gamlitz. Als Wilfert dort ankam, wehte ein abendliches Julilüfterl sanft durch den Kastanienbaum nahe der Einfahrt. Was das Besondere am Adam war, hatte Frau Hintlinger nicht verraten, aber Wilfert fand es bald heraus – man konnte sich in der Buschenschank eine Jause richten lassen und ein Fläschchen Grauburgunder dazu und damit dann den Kogl neben dem Haus erklimmen. Da saß man dann im Idealfall, so wie Wilfert gerade, ganz allein auf einer Bank und genoss den Rundumblick auf Weingärten, anschmiegsame Hügel und überhaupt das ganze Land. Zum Verdauen der Brettljause holte sich Wilfert noch ein zweites Fläschchen Wein und fragte vorsorglich nach einem Gästezimmer. Nach Leibnitz zurückfahren konnte er heute eher nicht mehr.

Nach dem Frühstück am nächsten Morgen ließ sich Wilfert noch ein paar Flaschen des hervorragenden Weins einpacken und beschloss, Andrea bei ihrem nächsten Ausflug unbedingt hierher zu entführen. Nun musste er aber erst einmal herausfinden, wie eine Schwarze Mamba ausgerechnet in ein kleines Straßer Moor gelangen konnte. Vielleicht sollte er noch einmal mit Herrn Franz reden. Aber noch besser wäre es vielleicht, sich in Straß ein bisschen umzuhören. Dort war die tote Nichte schließlich aufgefunden worden.

Straß war ein sehr gemütlicher Ort, es gab ein paar Cafés und Gasthäuser und ein Schloss, aus dem man vor langer Zeit eine Kaserne 99 gemacht hatte. Wilfert spazierte die Hauptstraße entlang und setzte sich schlussendlich in eine Bäckerei, um dort einen Kaffee zu trinken. Ein älterer Gast saß an der Theke und beargwöhnte Wilfert, als dieser das junge Servierfräulein nach der Leiche im Moor befragte. Bevor sie antworten konnte, hatte der weißbärtige Mann schon das Wort ergriffen: »Das hat uns gerade noch gefehlt. Ein Mord. In unserem schönen Moor. Gach* ham sie's zuerst woanders umgebracht!«

Die junge Frau schien erleichtert, dass sie nun nicht mehr auf die Frage antworten musste, und flüchtete in den angeschlossenen Verkaufsraum. Wilfert rauchte sich eine an. Eine Weisheit, die er in seiner kurzen Detektivlaufbahn errungen hatte, war: Wenn ein Einheimischer etwas erzählt, dann hör zu. Dabei konnte man nämlich oft die interessantesten Dinge erfahren. »Schenkst mir eine, ha?« Der weißbärtige Mann deutete auf Wilferts Zigarettenpackung, und Wilfert schob sie ihm zu.

---

* »Gach« kommt aus dem Mittelhochdeutschen, daraus hat sich unser Wort »jäh« entwickelt. Im Südsteirischen bedeutet »gach« *schnell, unerwartet* oder wie in diesem Fall *vielleicht.*

»Haben Sie das mit der Schlange gehört?«, fragte er ihn dann.

»Fralliwul. An einem Schlangenbiss ist sie gestorben. Aber ich glaub des nicht, dass da wer seine Giftschlangen ausg'lassen hat. Das war ein astreiner Mord. Und dann ham sie das Mädl ins Moor gelegt.«

Die Vermutung des weißbärtigen Mannes deckte sich so ungefähr mit der Annahme des Herrn Franz. Allerdings war Herr Franz davon ausgegangen, dass jemand seine Nichte und die Giftschlange an einem Ort, nämlich dem Moor, zusammengeführt hatte. Aus dem Autopsiebericht war nicht eindeutig hervorgegangen, ob der Tod im Moor eingetreten war oder vielleicht woanders. Das Gift der Schlange und das saure Klima des Moorwassers hatten die Ergebnisse zu sehr beeinflusst.

Das Gespräch mit dem weißbärtigen Mann war nicht so ergiebig, wie Wilfert gehofft hatte. Es blieb ihm nur, Herrn Franz noch einmal aufzusuchen. Vielleicht konnte der ihm noch irgendwie weiterhelfen. Vorher allerdings musste Wilfert noch dorthin, wohin auch der Kaiser nur zu Fuß hin gegangen ist. Beim Verlassen der Toilette stieß er fast mit dem weißbärtigen Mann zusammen. Der ging allerdings nicht aufs Klo, sondern grinste Wilfert kommentarlos an und öffnete die Tür Richtung Backstube. Wilfert wartete kurz, drückte dann vorsichtig die Klinke hinunter und lugte ums Eck. Der weißbärtige Mann war immer noch weißbärtig, aber erst jetzt erkannte Wilfert, dass es hauptsächlich Mehl war, das sich in seinem Bart festgesetzt hatte. Das war überhaupt kein Gast, sondern der Bäcker, der sich nicht zu fein war, andere Gäste um Zigaretten zu bitten. Gerade schlüpfte er wieder in seinen weißen Kittel. An der

Wand hingen gerahmte Urkunden und Auszeichnungen für höchste Backkunst. Nichts weiter Ungewöhnliches.

Wilfert ließ die Tür sich langsam wieder schließen, als ihm noch etwas anderes in den Blick fiel. Neben all den Urkunden, die die Bäckerei auszeichneten, hing noch eine andere. ›Ausbildung zur Reptilienfachfrau mit Auszeichnung bestanden‹, stand darauf. Weiterlesen konnte Wilfert nicht, denn der Bäckermeister war mit dem Umziehen fertig, und Wilfert sich plötzlich nicht mehr ganz sicher, ob er entdeckt werden wollte.

Ungesehen und so schnell es ging, verließ Wilfert die Bäckerei. Die Schönheiten der Marktgemeinde Straß mit keinem Blick mehr würdigend, eilte er Richtung Auto. Dann fuhr er nach Ratsch, wo Herr Franz zu Hause war.

Herr Franz überlegte lange, bevor er auf Wilferts Frage eine Antwort gab. Sie saßen vor der Urbanikapelle 100 und sahen in die Weinberge. Ratsch 101 war einer der Orte, der Wilfert schon immer am besten gefallen hatte. Ganz Ratsch war Weinstraße, so kam es ihm vor. Bloß heute hatte er kein Auge für die beruhigende Gleichmäßigkeit der Rebzeilen und kein Ohr für die nur durch Grillengezirpe unterbrochene Stille. Die Frage, die jetzt sofort einer Klärung bedurfte, war, ob der Bäckermeister Malwina gekannt hatte. Und wenn ja, wie gut. Darauf antwortete Herr Franz sofort: »Ja sicher. Die Tochter vom Bäcker, die Monika, die ist mit der Malwina zusammen Volksschule und Hauptschule gegangen.«

»Arbeitet die Monika im Geschäft?« Wilfert dachte an die junge Verkäuferin im Bäckerladen. Die musste ungefähr im Alter Malwinas gewesen sein, 23.

»Ja«, antwortete der Franz.

»Dann weiß ich schon, wer das ist. Hör zu, Franz, der Bäcker hat eine Urkunde in seiner Backstube hängen. Ausbildung zur Reptilienfachfrau. Glaubst du, hat die Tochter diese Ausbildung gemacht?«

Herr Franz überlegte kurz. »Das glaub ich nicht. Die Monika hat ein Kind, das ist erst ein Jahr oder so. Ich glaub nicht, dass die Schlangen zu Hause hat.«

Wilfert nickte. Er musste noch einmal zurück in die Bäckerei, es half alles nichts. Aber vorher würde er noch einmal seine neue Lieblingsbiologin anrufen.

»Herr Wilfert! Ich hätte nicht gedacht, dass ich so schnell wieder von Ihnen höre! Wissen Sie, wo ich gerade bin? In der Heiligengeistklamm [102]. Ich hab schon drei Eschenscheckenfalter gesehen, aber eigentlich bin ich ja wegen der Alpenspitzmaus hier. Kann ich Ihnen helfen?«

Wilfert grinste in Gedanken an die lebensfrohe Frau und meinte: »Das hoffe ich. Und es tut mir leid, Sie schon wieder zu stören.«

»Das macht gar nichts. Die Alpenspitzmaus entkommt mir nicht.«

Es gab nur einen einzigen Anbieter von Kursen im Bereich der Reptilienpflege, erfuhr Wilfert von Frau Hintlinger. Der war in Graz, und Wilfert würde dort wohl oder übel als Nächstes hinfahren müssen. Er war müde und hungrig und eigentlich wollte er am liebsten in sein Hotelzimmer zurück, aber es war noch nicht zu spät, um noch einmal in der Bäckerei vorbeizuschauen. Er hatte Glück, denn diesmal war außer der jungen Frau niemand da. Aus dem Verkaufsraum duftete es verführerisch. Wilfert konnte nicht widerstehen. »Könnte ich vielleicht ein gefülltes Mohnweckerl haben? Und ein Pizzastangerl?« Er musste einfach etwas essen. »Und ein kleines Bier dazu.« Die Bäckerstochter verzog keine Miene und brachte ihm die gewünschten Dinge. Nun hieß es zuschlagen. »Sagen Sie«, Wilfert schluckte, das Mohnweckerl war himmlisch, »sagen Sie, gibt es in Ihrer Familie einen Reptilienexperten?« Er griff zum Glas und spülte nach.

Die junge Frau wurde rot wie Blauburgunder und wich einen Schritt zurück. Wilfert bekam sofort ein schlechtes Gewissen.

»Ich habe«, antwortete sie stotternd, »ich habe ... mich hat das einmal interessiert. Aber das ist schon lange her.«

Wilfert wusste nicht recht, wie er es angehen sollte.

»Und welche Reptilien interessieren Sie besonders?«

»Also, ich habe, ich meine: Schlangen. Ich mag Schlangen. Aber seit ich die Mimi hab ...«

Wilfert hob fragend die Augenbrauen.

»Die Mimi ist meine Tochter. Ich hab die Schlangen damals sofort verkauft, wie ich schwanger war.«

»War da auch eine Giftschlange dabei?«

Tränen stiegen der Jungbäckerin in die Augen. Ob unter den Schlangen, die sie verkauft hatte, auch eine Schwarze Mamba gewesen war, das musste Wilfert gar nicht mehr fragen. Vielmehr interessierte ihn, wer der Käufer der Schlangen gewesen war. Und als Fräulein Monika das beantwortet hatte, da stiegen auch Wilfert die Tränen in die Augen.

Am nächsten Morgen machte sich Wilfert noch einmal auf nach Ratsch. Die ganze Nacht lang war er wach gelegen und hatte darüber nachgedacht, warum Franz, der liebenswerte ältere Herr, seine eigene Nichte umgebracht hatte. Wieso er außerdem noch einen Privatdetektiv, nämlich ihn, Wilfert, engagiert hatte. Wilfert hatte keine Antwort gefunden. Er musste Franz konfrontieren, er wollte Antworten. Diesmal hatte er sich nicht angemeldet und darauf gewartet, dass der kleine Mann einen pittoresken Treffpunkt vorschlug, diesmal fuhr er gleich direkt zu dem Haus, in dem Franz wohnte. Und in dem bis vor Kurzem auch seine Nichte Malwina gelebt hatte.

Franz öffnete erst, nachdem Wilfert dreimal geklingelt hatte.

»Herr Wilfert! Mit dir hab ich jetzt aber nicht gerechnet. Ich kann dich leider nicht hereinbitten, es ist gar nicht zusammengeräumt. Seitdem die Malwina gestorben …«

Aber Wilfert ließ ihn nicht weiterreden.

»Ich weiß, dass du die Giftschlange von der Bäckerstochter gekauft hast!«

Herr Franz wurde umgehend kleiner, als er es schon war.

»Was mich nur interessieren würde«, Wilfert war zornig, »*warum* du deine Nichte umgebracht und dann ins Moor gebracht hast. Das verstehe ich einfach nicht. Und noch weniger, warum du *mich* dann geholt hast!«

Herr Franz trat zurück. »Vielleicht kommst doch einmal herein, Wilfert, dann erkläre ich dir alles.« Jetzt erkannte Wilfert, was durch das Zurücktreten des Herrn Franz sichtbar geworden war. Der ganze Vorraum war ein Dschungel hinter Glas. Großblättrige Grünpflanzen reichten bis zur Decke. Baumstämme, Äste und Steine, wohin man sah. Bloß die Schlangen sah man nicht gleich. Voll Schreck wich Wilfert zurück. Er stolperte über die Stufen und im Fallen dachte er noch, dass man in der Südsteiermark nie vor Überraschungen gefeit war. Dann dachte er nichts mehr.

Als er aufwachte, saß er auf einer Bank im Schatten und lebte noch. Das beruhigte ihn erst einmal, bis er bemerkte, dass Franz, der so unschuldig wirkende kleine Mann, ihm gegenüber saß. Er wuzelte schon wieder, obwohl bereits zwei Zigaretten hinter seinen Ohren klemmten. Wilfert sprang auf und ging gleich wieder in die Knie.

»Du hast dir ganz schön den Schädel angehaut«, sagte Franz. Wilfert griff sich an den Hinterkopf und spürte Feuchtigkeit. »Aua«, sagte Wilfert und lugte nach einer eventuell anwesenden Schwarzen Mamba.

»Es war ein Unfall«, sagte Franz fast unhörbar.

»Was war ein Unfall?«, fragte Wilfert vorsichtig.

Da begann der kleine Mann zu weinen.

Franz hatte schon immer ein Faible für Schlangen gehabt. Steirische Sandvipern und Kreuzottern waren ihm bald nicht mehr gefährlich genug, richtige Giftschlangen mussten her. Als er erfuhr, dass die Bäckerstochter Monika die berühmte Schwarze Mamba aufgrund des erwarteten Nachwuchses verkaufte, war Franz sofort zur Stelle. Eines Abends, als Franz nach Hause kam, lag seine geliebte Nichte tot im zum Riesenterrarium umgebauten Vorraum. Die Schwarze Mamba lag hinter dem Glas, sichtlich gesättigt von den Mäusen, mit denen Malwina sie gefüttert hatte. Malwina hatte es noch zuwege gebracht, die Klappe wieder zu verschließen, bevor die ersten Lähmungserscheinungen eingetreten waren. Zum Gegengift hatte sie es nicht mehr geschafft.

»Die Malwina hat die Schlangen nur gefüttert, wenn ich keine Zeit g'habt hab. Sie hat ihre Vögel so geliebt. Die Schlangen nicht so.«

»Aber die Monika? Warum hat mir die nichts von der Schwarzen Mamba gesagt?«

Franz schüttelte den Kopf. »Vielleicht hat sie Angst g'habt, dass sie wer verdächtigt.« Mit dem Hemdsärmel wischte er sich übers Gesicht.

»Ich war so verzweifelt. Dann hab ich die Malwina ins Moor gebracht. Weil sie ja immer so gern die Vögel beobachtet hat.«

»Aber warum hast du mich dann überhaupt beauftragt?«

»Ich hab mir wohl gewünscht, dass alles ans Tageslicht kommt. Es war nicht zum Aushalten.«

»Ist dir jetzt leichter?«, fragte Wilfert.

Der kleine Mann nickte.

Eine Woche später saß Wilfert mit Andrea beim Adam auf dem Kogl. Neben ihnen stand eine Flasche Gelber Muskateller, die fast leer war. Beide schwiegen.

»Und du hast ihn nicht angezeigt?«, fragte Andrea leise. Wilfert hatte ihr die ganze Geschichte erzählt.

»Nein«, antwortete Wilfert, »und willst du wissen, warum nicht?«

Andrea nickte und griff zum Weinglas.

»Der Franz hat mir sein Terrarium gezeigt. Ich hab zuerst gedacht, die Schlangen hätten sich versteckt. Aber dann hab ich gesehen, dass da gar keine mehr drinnen waren. Der Franz hat alle seine Schlangen umgebracht. Er hat sie nicht mehr anschauen können.«

Wilfert und Andrea stellten ihre Gläser ab und schauten nachdenklich in den südsteirischen Sonnenuntergang.

»Sollen wir uns noch ein Fläschchen holen?«, fragte Andrea leise.

Und Wilfert nickte.

FREIZEITTIPPS BEZIRK LEIBNITZ:

92 Warte am Platsch/Plač: Direkt an der Grenze zwischen Österreich und Slowenien gelegene Aussichtswarte, die zu einem kleinen Spaziergang einlädt und als Belohnung eine wunderbare Aussicht bietet.

93 Kirche von St. Veit: Markante barocke Wallfahrtskirche mit zwei Türmen im beschaulichen St. Veit am Vogau, rundherum gibt es Gasthäuser und eine Konditorei.

94 Schloss und Mausoleum Ehrenhausen. Auf einer gut sichtbaren ehemaligen Befestigungsanlage gleich neben dem Ortszentrum. Das Mausoleum wird von riesigen Kriegern aus Sandstein bewacht.

95 Attemsmoor: In Straß gelegenes sogenanntes Durchströmungsmoor, in dem man ausgedehnte Erkundungswanderungen unternehmen kann.

96 Schloss Waldschach – Waldschacher See: Heimat des Fischzuchtbetriebes Gut Waldschach. Rundherum gibt es schöne Wanderwege und ganz in der Nähe den Waldschacher See. Hier kann man schwimmen, surfen, angeln, wohnen oder einfach in ein Gasthaus einkehren, auf den See schauen und Backhendl essen.

97 Demmerkogel: Höchster Punkt des Sausals mit einer Aussichtswarte und Möglichkeiten zum Wandern oder zur Einkehr. Die Schmetterlingswiese am Dem-

merkogel ist eine Magerwiese, auf der sich unzählige Schmetterlingsarten tummeln.

98 Adam am Schererkogl: Buschenschank, der immer noch ein Geheimtipp ist. Genauso schön, wie im Krimi beschrieben.

99 Erzherzog-Johann-Kaserne: Zahlreiche denkmalgeschützte Gebäude in Straß, eines davon ist die dominierende Kaserne mitten im Ort. Auch gibt es hier Gastronomie aller Sorten.

100 Urbanikapelle: Kleine Kapelle in Ratsch, die dem Weinheiligen St. Urban gewidmet wurde. Die Gestaltung des Innenraums stammt vom weststeirischen Künstler Franz Weiss.

101 Ratsch an der Weinstraße: Ist so schön, dass man nicht einfach durchfahren sollte. In alle Richtungen wunderbare Ausblicke auf die südsteirischen Weinberge. Zu jeder Jahreszeit sehenswert.

102 Heiligengeistklamm: Nicht ganz einfach begehbare sehr romantische Klamm an der Grenze zu Slowenien. Wenn man schon dort ist, sollte man sich auch unbedingt die Kirche Sveti Duh auf der slowenischen Seite anschauen.

WESTSTEIERMARK – LIPIZZANERHEIMAT (BEZIRK VOITSBERG)

Eine besondere Gabe

Isabella Trummer

1

Die Junisonne brannte seit Tagen vom Himmel. Die flirrende Hitze drückte auf die Stadt; nur ab und zu regte sich mattes Leben, jedes Aufbegehren zerfloss in Schweiß und Apathie. Wenn das ein Vorgeschmack auf den Sommer ist, dann können wir uns auf etwas gefasst machen, sagten die Leute.

Marlene machte die Hitze nichts aus. Sie saß auf einer Bank vor der Burgruine Obervoitsberg 103 und genoss die Aussicht. Die Almen im Westen versteckten sich hinter einem Hitzeschleier, aber was machte das schon. Es reichte, wenn sie wusste, dass sie da waren. Sie sah zum Kraftwerk in Rosental, dem letzten Teil, der noch nicht abgerissen worden war. Der hohe Schornstein zeigte wie eine Nadel in den milchblauen Himmel. Von dort ließ sie ihren Blick über die sanften Hügel von Kowald und Arnstein bis nach Krems schweifen. Dahinter reckten sich die Erhebungen des Klein- und Großwöllmiß Gebietes. Alles Land, das sich vor ihr ausbreitete, war ihr Land. Ihr Reich, über das sie herrschte.

Unter ihr lag die Stadt Voitsberg. Ihre Stadt. Sie lag ihr zu Füßen. Schmale Straßenbänder wanden sich zwischen flimmernden Dächern, die sich auf drei Seiten mehr als sonst an die Erhebung duckten, auf der die Burgruine stand. So musste es sein. Sie zollten der Prinzessin ihren Respekt. Huldvoll neigte Marlene ihr Haupt.

Sie liebte es, hier zu sitzen, wenn die wenigen Spaziergänger vor der Nachmittagshitze in den schattigen Sitzgarten des Burgrestaurants flüchteten. Dann hielt sie allein über der Stadt Hof. Auf ihrem Berg. Dann war sie die Herrin über ihre Stadt: Prinzessin Marlene von Vogtesperch. Den alten Namen hatte sie in der Schule gelernt und sie fand, er passte zu ihr. Wenn sie, so wie heute, über Voitsberg zum Schloss Greißenegg 104 hinüber schaute, war sie dabei keineswegs allein: Eine riesige eiserne Moswitzer-Skulptur ragte hinter ihr auf. ›Der Häuptlingkönig’ nannten sie die Leute. Aber was wussten die schon. Das war ihr Eiserner Ritter, ihre Leibgarde. Er stand hinter ihr, stumm und ehrfurchtgebietend, und wachte über die schöne Prinzessin.

Sie hatte auch ihr eigenes Theater. Die Burgruine war teilweise überdacht worden, und wenn die Temperatur es zuließ, gab es dort Theateraufführungen und Konzerte. Jede dieser Darbietungen fand natürlich zu ihren Ehren statt. Sie hätte sich noch Gaukler und Feuerschlucker gewünscht, aber man konnte eben nicht alles haben.

Sie kannte jeden Winkel ihres Berges, jeden Trampelpfad abseits der Spazierwege. Der Wald um die Burg war ihr Garten. So war es immer gewesen. Aber sie hatte auch Veränderungen hinnehmen müssen. Beispielsweise ›die Kunststraße‹ auf der Ostseite. Kunstobjekte und Skulpturen waren links und rechts des Weges installiert worden und reichten vom Fuß der Erhebung durch den Wald bis zur Ruine. Das war ihr gar nicht recht gewesen, da mehr Leute als sonst in ihrem Wald unterwegs gewesen waren. Oft hatte sie, verborgen hinter Büschen, den Kommentaren der Leute zugehört. Sie selbst dachte sich zu den Objekten ihre eigenen Geschichten aus, und die waren in jedem Fall spannender als alles, was die Leute Schlaues darüber zu sagen hatten. Oder der Nasch- und Kräutergarten, der auf der anderen, flachen Seite hinter der Ruine entstanden war. Wer brauchte das schon? Sie konnte sich jedenfalls nichts Langweiligeres vorstellen.

Aber eine Veränderung musste sie mit niemandem teilen. Darüber wusste nur sie Bescheid. Nicht einmal ihren besten Freund Johannes hatte sie eingeweiht. Der Berg hatte ihr einen Thron geschenkt. Einen Richterstuhl. In der verbotenen Wand.

Die Ostseite der Erhebung fiel als Felswand steil zur Zangtalerstraße hin ab. Ein Stück oberhalb verlief ein Spazierweg, der durch einen Bretterzaun gesichert war. Alle 100 Meter war ein Schild mit der Warnung ›Betreten verboten! Lebensgefahr!‹ an die Pfosten genagelt. Das hatte Marlene nicht davon abgehalten, trotzdem durch die Zwischenräume des Zauns zu schlüpfen und das dichte Unterholz bis zum Felsabbruch zu untersuchen. Sie hatte den Weg so oft genommen, dass sich bereits ein kleiner Trampelpfad auf dem Boden abzeichnete. Am Anfang war ihr mulmig gewesen, sie hatte sich an den Büschen festgehalten und sich jeden Tag ein paar Schritte weiter vorgewagt, bis sie am Felsabbruch ankam. Da saß sie dann oft; dicht stehende Büsche und vereinzelte Bäume erlaubten ihr, das Treiben der Menschen tief unten zu beobachten, sie selbst aber war vor fremden Blicken durch das Laub geschützt.

Doch vor einigen Wochen hatte ein Italientief die Gegend heimgesucht. Es hatte tagelang geschüttet wie aus Kübeln. Einen solchen Wolkenbruch hat es hier noch nie gegeben, sagten die Leute. Als Marlene danach wieder zum Felsabbruch wollte, war ihr der Weg plötzlich versperrt gewesen. Eine Felskluft hatte sich ein Stück vor dem Abbruch aufgetan, etwa zwei Meter breit und sehr tief. Sie musste vorher mit Erdreich gefüllt gewesen sein, der heftige Regen hatte sie wohl ausgeschwemmt und die Bäume in die Spalte rutschen lassen. Kahle Äste ragten wie spitze Dolche nach oben. Dann aber hatte Marlene ihren Thron gesehen. Auf der anderen Seite der Spalte. Eine Felsnische hatte sich gebildet, in deren Mitte sich ein Stein befand, der wie ein Stuhl geformt war. Da hatte sie es gewusst. Sie musste über die Spalte, den Burggraben, um auf ihren Thron zu gelangen. Und sie hatte einen Weg gefunden.

Das durfte aber niemand wissen. Denn sie vollbrachte Dinge, die andere nicht konnten. Wenn man hinter ihr Geheimnis kam, würde sie alles verlieren. Ihren Burggraben, ihren Thron und auch ihre Macht. Die Macht, die ihr durch ihre besondere Gabe verliehen worden war.

Marlene beugte sich auf der Bank nach vor. Sie fixierte die Michaelskirche 105 mitten in der Stadt und starrte konzentriert auf das Gebäude, bis die ohnehin schon hitzematten Farben der Innenstadt verblassten und die Konturen zerflossen. Die Stadt löste sich auf. Verschwand einfach. Sie hatte sie weggestarrt. An diesem Punkt musste sie Schluss machen und die Tränen wegblinzeln, die ihr vor Anstrengung hochgestiegen waren. Beim Wegstarren von Dingen durfte man nicht blinzeln, sonst funktionierte es nicht. Als sie wieder klar sehen konnte, lag die Stadt da wie vorher, ahnungslos, was mit ihr geschehen war. Sie liebte dieses Spiel.

Sie hatte es auch mit Geräuschen versucht und wurde immer besser darin. Zu Hause etwa, wenn die Erwachsenen sprachen, konzentrierte sie sich auf die Kuh mit dem dicken Euter auf der Milchpackung. Nach und nach wurden die Stimmen leiser, Worte verschwammen und waberten als Nebel am Rande ihres Bewusstseins dahin. Auch in der Schule hatte sie schon den einen oder anderen langweiligen Lehrer verschwinden lassen. Das Marlenchen träumt halt oft in den Tag hinein, sagten die Lehrer dann.

Sie nannte es das Augen- und Ohrenspiel. Johannes hatte es auch versucht, war aber nicht so gut darin gewesen. Er besaß eben nicht *die Gabe*. Ihm war bald langweilig geworden, und er hatte den Vorschlag gemacht, lieber Steine über das Wasser hüpfen zu lassen. Das konnte er viel besser als sie.

Wo blieb Johannes überhaupt? Er hätte schon längst da sein müssen. Johannes und sie waren acht Jahre alt, aber sie war vier Monate älter, schon fast neun, was sie ihm gerne unter die Nase rieb. Sie wusste, dass ihn das ärgerte. Sie wohnten in der gleichen Straße und gingen in die gleiche Klasse. So weit sie zurückdenken konnte, war Johannes ihr

Spielgefährte und bester Freund gewesen. Und er wusste, dass sie es nicht leiden konnte, wenn er zu spät kam.

Sie runzelte die Stirn.

2

Abteilungsinspektor Hutter saß erschöpft in seinem Bürosessel. Draußen hatte es über 30 Grad und hier drinnen nicht weniger. Wenn am Nachmittag die Sonne sein Bürofenster erreichte, fühlte sich sein Kopf an wie eine aufgebähte Semmel. Außen knusprig, innen weich. Die Jalousie ließ sich nur zu einem Drittel herabziehen, ab diesem Punkt verweigerte sie jede weitere Bewegung nach unten. Er hatte das Fenster weit aufgerissen, ebenso die Tür, und hoffte auf ein leichtes Lüftchen. Doch auf dem Baum vor dem Fenster bewegte sich kein Blatt, und das schien sich auch nicht ändern zu wollen. Die Hoffnung stirbt zuletzt, dachte Hutter, und wischte sich den Schweiß von der Stirn.

Aus den angrenzenden Zimmern hörte er Stimmen und Telefongeklingel. Seufzend beugte er sich über eine Akte. Seit zehn Tagen war ein 13-jähriger Bub verschwunden. Anfangs hatten sie gedacht, er wäre von zu Hause weggelaufen. Er und seine sieben Geschwister wuchsen in wenig geordneten Verhältnissen auf, der Vater war Langzeitarbeitsloser, beide Eltern tranken. Seine schulischen Leistungen hatten zu wünschen übrig gelassen, und er war bereits bei kleineren Diebstählen erwischt worden. Aber weder die Eltern noch seine Freunde glaubten, dass der

Bub abgehauen war. Letztere waren mit ihm am Grafenteich unter dem Schloss Greißenegg zusammen gewesen. Sie hatten versucht, am Abend ein paar Fische aus dem Teich zu stehlen. Danach war der ›Rote Rambo‹, wie ihn seine Freunde nannten, von keinem mehr gesehen worden. Ein paar Anrainer hatten von einem ungepflegten Fremden erzählt, der in der Nähe herumgelungert wäre. Inspektor Hutter las noch einmal die Akte durch und schüttelte den Kopf. Sie hatten getan, was sie konnten, doch der Bub blieb wie vom Erdboden verschluckt.

Und jetzt war wieder ein Kind verschwunden, ein achtjähriges Mädchen. Sie war gestern beim Flötenunterricht gewesen, danach hatte man sie Richtung Grafenteich gehen sehen. Ihre Eltern hatten in der Nähe ein Haus gemietet. Doch sie war nie zu Hause angekommen.

Als die aufgelösten Eltern die Abgängigkeitsanzeige erstattet hatten, waren alle denkbaren Möglichkeiten ihres Aufenthalts abgefahren worden. Ohne Erfolg. Heute Morgen hatte ein Suchtrupp mit Hunden das ganze Gelände rund um den Teich abgesucht. Trudchen blieb verschwunden. Und wieder hatten Leute von einem unbekannten Mann berichtet, der in der Nähe gesehen worden war.

Hutter seufzte. Er zog das Foto des Mädchens unter einigen Akten hervor und betrachtete das kleine Gesicht mit den vertrauensvollen Augen. Ihm wurde es eng in der Brust. Er hatte auch eine Tochter ungefähr im gleichen Alter. Er durfte sich gar nicht vorstellen, dass etwas mit seinem Mädchen … Nein, es war besser, nicht an so etwas zu denken.

Er hatte einen Krisenstab einberufen, und man hatte als nächsten Schritt die Durchsuchung des Teichs beschlossen. Vielleicht war Trudchen ja schwimmen gewesen und dabei ertrunken – oder ertränkt worden.

»Die Wasserrettung ist vor Ort«, rief ihm sein Partner von der Tür aus zu. »Fahren wir mit deinem Wagen?«

Hutter zuckte zusammen, dann nickte er. Im Aufstehen griff er nach den Autoschlüsseln und eilte dem Kollegen nach. Vielleicht fanden sie jetzt die Lösung für das Verschwinden der Kinder. Doch es gab nichts, wovor er sich mehr fürchtete.

3

Er hatte so schnell in die Pedale getreten, wie er nur konnte. Er wusste, dass Marlene es nicht schätzte, wenn sie warten musste. Halb hatte er schon befürchtet, sie nicht mehr anzutreffen. Er war sehr erleichtert, als er sie nach der letzten Kurve auf der Bank sitzen sah.

»Gut, dass du noch da bist!«, stieß er atemlos hervor und machte eine Vollbremsung.

»Ich wollte gerade gehen«, sagte sie streng.

Johannes ließ sein Fahrrad achtlos neben die Bank fallen und setzte sich zu ihr.

»Ich muss dir etwas Wichtiges sagen …«, keuchte er, doch sie blickte weiter auf die Stadt in würdevollem Schweigen. Marlene war ein wenig größer als er, doch im Sitzen fiel das nicht auf. Er strengte sich mächtig an mit dem Wachsen, und in ein paar Jahren würde er sie eingeholt haben. Er fand sie ungemein hübsch mit ihren großen blauen Augen, der Stupsnase und den blonden Locken, die ihr immer ins Gesicht fielen. Wenn er größer war, würde er sie heiraten, das stand für ihn fest. Wenn das mit der Größe bereinigt war, wie gesagt.

Vor allem aber bewunderte er ihren Mut. Vor einem Monat etwa hatten ihn zwei Buben angegriffen, um ihm seine neue Baseballkappe abzunehmen. Einen hatte er niedergerungen, doch der Ältere war über ihm gestanden und hatte ihn getreten. Plötzlich war Marlene da, ließ die Schultasche fallen und griff nach einem Ast. Der zweite Bub wollte gerade die Baseballkappe einstecken, als sie ihm von hinten eins überzog, dass der Ast in der Mitte abbrach. Gut, der Ast war bestimmt schon etwas morsch gewesen, aber den Schlag würde der Bub trotzdem nicht so schnell vergessen.

»Dich krieg ich noch, du Hexe!«, hatte er geschrien, bevor er mit seinem Kumpel das Weite gesucht hatte. Ohne die Kappe. Marlene hatte ihm den Stinkefinger nachgezeigt. So ein Mädchen musste man einfach heiraten.

Dieser ältere Bub – alle nannten ihn ›Roter Rambo', weil er immer eine rote Lederjacke trug – war etwa eine Woche später verschwunden. Naja, die Eltern hatten ja noch sieben Kinder. Der ist abgehauen in die Großstadt, typisch für diese Asozialen, sagten die Leute.

»Du darfst hier nicht länger bleiben«, sprach Johannes weiter. »Trudchen ist verschwunden und …«

Ein gletscherblauer Blick traf ihn. Ihm fiel ein, dass Marlene Trudchen nicht leiden konnte. Sie war neu in der Klasse und suchte Freunde. Er fand das Mädchen ganz in Ordnung. Als er das Marlene gesagt hatte, hatte sie nur gezischt: »Willst du mit der Rüschentante Puppen spielen?« Und hatte ihn einfach stehen lassen.

Was hatte er denn gesagt? Natürlich konnte man mit Trudchen nicht viel anfangen, weder auf Grillenjagd gehen noch Kaulquappen fangen. Auf Bäume klettern schon gar nicht. Sie trug hübsche Kleider und machte sich niemals schmutzig. Sie war eben ein Mädchen. Mehr gab's dazu nicht zu sagen.

»Was ist denn los?«, fragte Marlene ruhig.

»Trudchen ist gestern zur Steinfeld zum Flötenunterricht gegangen, aber nicht mehr nach Hause gekommen. Alle suchen nach ihr. Sie hat ein blaues Kleid getragen und blaue Schuhe, sagt die Polizei.«

»Vielleicht auch noch ein blaues Täschchen?«, fragte Marlene spitz.

»Äh … Jedenfalls hat jemand in ihrer Straße einen fremden Mann gesehen, der da herumgeschlichen ist. Ein unheimlicher Kerl, heißt es. Du sollst nach Hause kommen, deine Eltern machen sich Sorgen«, sprudelte es aufgeregt aus ihm heraus.

»Ich hab keine Angst.«

»Solltest du aber.« Johannes hob sein Fahrrad auf und stellte einen Fuß ins Pedal. »Komm jetzt!«

Marlene blieb ruhig sitzen. »Ich mach mir doch nicht in die Hosen wegen so was.«

Hatte sie denn gar keine Angst?

»Komm jetzt mit. Ich hab versprochen, gleich nach Hause zu fahren«, drängte er.

»Na dann fahr doch.«

»Ich hab gesagt, ich bringe dich mit.«

»Dein Problem.«

Unschlüssig sah er sie an, doch sie schien es ernst zu meinen.

»Ja, dann …« Zögernd fuhr er los.

Marlene winkte nicht einmal zum Abschied.

Als Johannes verschwunden war, dachte sie über seine Worte nach. *Ein Fremder war herumgeschlichen …* Sie schüttelte den Kopf. Warum hatten eigentlich alle Angst vor fremden Leuten? Man musste sie doch nur kennenlernen, und schon waren sie keine Fremden mehr.

Ein Geräusch riss sie aus ihren Überlegungen. Jemand kam den Weg rechts von der Ruine herauf. Zuerst tauchte nur der Kopf des Mannes auf, doch mit jedem Schritt sah sie ein Stück mehr von ihm. Die Sonnenstrahlen ließen den aufgewirbelten Staub um ihn herum schimmern, als schritte er auf einer Wolke.

Marlene starrte ihm fasziniert entgegen. Was war das für ein Wesen? Mit den dreckigen derben Schuhen und abgetragenen Kleidern sah er aus wie der Räuber Hotzenplotz aus ihrem Kinderbuch. Auch die abstehenden Haare und der wuchernde Bart passten dazu. Da fiel ihr eine andere Geschichte ein. In der war ein Engel vom Himmel gestiegen. Als Bettler verkleidet war er von Tür zu Tür gegangen und hatte um Almosen gebeten. Auf diese Weise hatte der Engel gute Menschen von bösen unterscheiden können. Die Guten waren natürlich belohnt worden. Sie fuhr mit der Hand in ihre Hosentasche. Vielleicht hatte sie etwas dabei, das sie ihm schenken konnte. Doch ihre Finger fühlten nur eine Heftklammer und einen zerdrückten Kaugummi. Ob er den haben wollte?

Der Mann hängte seinen Rucksack über die Schultern und ging in ihre Richtung. Als er sie sah, blieb er abrupt stehen. Wortlos starrten sie sich an. Marlene öffnete den

Mund, doch die Stimme versagte ihr. Sie wusste auch gar nicht, was sie hätte sagen sollen. Wie begrüßte man einen Engel?

Da setzte sich der Engel wieder in Bewegung und kam auf sie zu. Marlene stand auf und sah ihm aufgeregt entgegen. Sie würde die Prüfung bestehen. Sie würde zu den Guten gehören und belohnt werden. Mit schwitzenden Fingern zog sie den Kaugummi aus ihrer Hosentasche. Wenn er wollte, könnte er auch die Heftklammer haben.

Als er vor ihr stand, hatte sie das Gefühl, als bohrten sich seine Augen in die ihren. Er zeigte mit einem schmutzigen Finger auf sie.

»Du! Du!«

Sie sah braune Zahnstumpen hinter rissigen Lippen. Außerdem roch er schlecht.

»Ha … hab …«

Wieso redete er so komisch? Stotterten Engel etwa?

»Hab dich gesehn … gestern …«

Ihr Mund wurde trocken. Der Mann war kein Engel. Die Angst kam plötzlich und schwappte einen metallenen Geschmack auf ihre Zunge. Er stieß mehrmals mit dem Finger auf ihre Brust.

»Du … du … bö … se …«

Blitzschnell warf sie den Kaugummi in sein Gesicht und traf ein Auge. Erschrocken fuhr der Mann zurück. Im nächsten Augenblick tauchte sie unter seinem ausgestreckten Arm durch und rannte los. Nach links in den Wald. Zum Felsabbruch.

Sie sah sich nicht um.

Sie wusste, er würde ihr folgen.

Sie lief den Weg entlang bis zum Bretterzaun. Ihre Lungen brannten. Sie hörte ihn dicht hinter sich, das Knacken dürrer Zweige, schwere Schritte, Keuchen.

»Du … Teu… fel …«

Sie verdoppelte ihre Anstrengung. Schon sah sie die Öffnung im Zaun und schlüpfte durch. Sie folgte ihrem Trampelpfad, so schnell sie konnte, immer weiter auf den Felsabbruch zu. Da hörte sie einen dumpfen Schlag. Voller Panik sah sie nach hinten. Der Mann war in den Bretterzaun gelaufen, um den Schwung abzubremsen. Schon schob er sich unter dem Zaun durch. Sie rannte weiter.

Der Pfad wurde schmäler, dann kam die Biegung, jetzt war sie außer Sichtweite. Sie sah bereits die Felsnische mit ihrem Thron darin und blieb bei einem Bäumchen stehen, das sich links von ihr auf dem felsigen Gelände festgekrallt hatte. Mit bebenden Fingern löste sie die Schlaufe eines Stricks, der um das Bäumchen gewickelt war. Das andere Ende war weiter oben um einen Felsvorsprung geschlungen. Vor ihr hatte sich der Pfad verändert. Er war breiter und mit Reisig bedeckt. Marlene spannte das Seil und schwang sich über das Reisig hinweg. Gekonnt landete sie vor ihrem Thronsaal und knotete das Seil um einen Stein. Sie kauerte sich mit angezogenen Beinen auf den Thron und sah den Mann um die Biegung kommen. Sie starrte ihm entgegen, konzentriert, ohne zu blinzeln, die Geräusche des Waldes verschwammen.

Sie sah, wie sich sein Gesichtsausdruck von Wut in Entsetzen verwandelte in der einen Sekunde, in der er durch das Reisig brach. Der Schrei verhallte lautlos in ihren Ohren, als er im Felsspalt verschwand. Zweige und lockeres Geröll rieselten nach, geräuschlos. Marlene stellte ihre Beine auf den Boden und setzte sich gerade hin.

Sie war Marlene von Vogtesperch, die Prinzessin auf dem Steinthron. Sie konnte wegstarren, was immer sie wollte. Sie war die Prinzessin mit der Gabe, alles verschwinden zu lassen. Als der Mann gesagt hatte: »Hab dich gesehn … gestern …«, hatte sie gewusst, dass das Rascheln im Gebüsch beim Bretterzaun keine Einbildung gewesen war. Gestern, als sie Trudchen zum Felsabbruch geführt hatte.

Sie trat zwei Schritte nach vorn und blickte in den Felsspalt. Einige Meter tief lag der Mann mit verrenkten Gliedern. Unter ihm blitzten eine rote Lederjacke und ein blaues Kleid hervor.

Es war alles in Ordnung. Sie blies sich eine blonde Locke aus der Stirn.

Jetzt musste sie aber sehen, dass sie nach Hause kam. Es gab sicher bald Abendessen. Kinder müssen zum Abendessen zu Hause sein, sagten die Leute. Morgen würde sie wiederkommen und Äste und Reisig mitbringen. Dann würde sie ihren Burggraben wieder zudecken und die Prinzessin auf dem Steinthron sein. Die Prinzessin mit der besonderen Gabe.

Sie bückte sich und löste den Strick vom Stein.

FREIZEITTIPPS BEZIRK VOITSBERG:

103 Burgruine Obervoitsberg: Im Norden der Stadt Voitsberg gelegen, erstmals 1164 erwähnt. Heute auch überdachter Veranstaltungsort. Vorgelagert ist ein Restaurant mit schattigem Gastgarten, daneben ein Nasch- und Kräutergarten. Von Osten her ist die Burgruine über die ›Kunststraße‹, flankiert von Kunstobjekten und Skulpturen, zu erreichen.

104 Schloss Greißenegg: 1336 erbaut, umgeben von einem weitläufigen Schlosspark mit Brunnenanlage und dem Grafenteich. Stimmungsvoll: der Buschenschank im Schloss.

105 Michaelskirche Voitsberg: Im Kern spätromanische Kirche mit mächtigem Chorquadratturm, in der Gotik erweitert. Bemerkenswert: viele Grabsteine, die (in Teilen) spätgotische Lichtsäule an der Südseite, das Kriegerdenkmal sowie die Gedenkstätte für die Verfolgten und Opfer der NS-Zeit.

Außerdem sehenswert:

106 Hundertwasserkirche Bärnbach: St. Barbara-Kirche, erbaut 1948, umgestaltet 1988 von Friedensreich Hundertwasser, zwölf Tore, die für alle Weltreligionen stehen. Glasfenster von Franz Weiss entworfen.

107 Mosesbrunnen Bärnbach: Brunnen im Stadtpark von Professor Ernst Fuchs als biblische Ergänzung zur

St. Barbara-Kirche gestaltet. 144.000 Glasmosaikteilchen und 420.000 Kieselsteine wurden verarbeitet.

108 Stölzle Glas Center Bärnbach: Markantes Zuhause für das Glasmuseum. Jährliche Sonderausstellungen und Glasverkauf.

109 Bundesgestüt Piber mit Barockschloss: Heimat und Zuchtstätte der Lipizzaner-Pferde. Tägliche Gestütsführungen, Sonderführungen, Muttertags- und Herbstparaden in der Arena. Im Schloss: das Restaurant ›Caballero‹.

110 Kunsthaus Köflach: 400 modern gestaltete Quadratmeter für Ausstellungen im Bereich der Bildenden Kunst.

111 Schmankerlwege Ligist: Beschilderte Wanderwege mit Infotafeln führen an Wiesen, Obst- und Weingärten vorbei. Entlang der Wege: bäuerliche Betriebe, Buschenschänken und Gasthöfe, die allerlei regionale Schmankerln anbieten. Gehzeit: je nach Route 1 ½ bis 3 ½ Stunden.

112 Wallfahrtskirche Maria Lankowitz: 1678-1681 erbaut. Barocker Hochaltar, prächtige Kanzel (1894 geschaffen), Wand- und Deckenbilder des italienischen Malers Felix Barazutti prägen den Innenraum der Kirche. Sportbegeisterte finden ganz in der Nähe die Golfanlage Erzherzog Johann.

113 Hirschegg: Von Almen umgebene Berggemeinde, wunderbares Wandergebiet im Sommer, Skivergnügen auf dem Salzstiegl im Winter. Sehenswert im Ort: das Dorfmuseum und die spätgotische Kirche.

URLAUBSREGION MURTAL – KREISCHBERG MURAU (BEZIRK MURAU)

Herz aus Eis

Jennifer B. Wind

Kreischberg 114, Dezember 2014

Im Sonnenlicht glitzerten die Schneekristalle. Eine zarte Brise umwehte Pauls Gesicht und ließ den Bommel an der Mütze baumeln. Den Anorak bis zum Bauch aufgezippt, genoss er die Wärme auf seiner Brust. Mit locker angewinkelten Beinen lehnte er am Bügel des Schleppers, der ihn auf die Rosenkranzhöhe zog. Das Knirschen unter den Skiern weckte die Vorfreude auf die Abfahrt. Er schob die Sonnenbrille über die Mütze und schloss die Augen. Die Ski fanden alleine ihren Weg durch die Spur. Natürlich hätte Paul auch die Doppelsesselbahn nehmen können, die parallel zum Schlepplift hinaufführte. Allerdings mochte er dieses Rumgesitze nicht, dabei fror er nur, und und seine Muskeln wurden kalt. Das gleichmäßige Gleiten machte seinen Kopf frei. Eine Meditation für alle Sinne.

Oben angekommen fuhr er rechts weg auf Piste 6. Ein leichter Beginn. Seine Beine fanden schnell den gewohnten Rhythmus. Beim Ausstieg der neuen Zehner-Gondelbahn schwang er wiederum nach rechts ab zur Piste 18, gehobener Schwierigkeitsgrad, aber noch nicht zu herausfordernd. Am Kreischbergsee hielt er an. Es handelte sich um keinen natürlichen See, sondern um den größten Speicherteich für die Beschneiungsanlage, die den Sportlern beste Pistenbedingungen garantierte, auch wenn der Winter auf sich warten ließ. Er lag auf 1.800 Metern Seehöhe und fasste 250.000 Quadratmeter Wasser, 80 Kilometer Rohrleitungen waren auf den Pisten verlegt, die 80 Schneekanonen versorgten. Mit der Anlage konnten 90 Prozent des Berges beschneit werden, 100 Hektar Pistenfläche. Das alles hatte ihm Adolf Lercher in Murau gestern erklärt, ihm gehörte das gleichnamige Hotel, in dem Paul abgestiegen war. Als Technik-Interessierter hatte er den See unbedingt sehen wollen. hatte er den See unbedingt sehen wollen. Das Eis knackte. Pfützen hatten sich auf der spiegelglatten Oberfläche gebildet. Der Anblick erinnerte ihn an einen vergangenen Fall, bei dem der Cheftrainer des österreichischen Herrenskiteams unter der Eisdecke im Steirischen Bodensee gefunden worden war. Gottlob hatte er diesen Mordfall damals nicht übernehmen müssen. Paul zog weiter seine Kurven. An der Rieglerhütte vorbei, links nach der Mittelstation begann der schwierigste Teil der Strecke. Hier wurden auch die Freestyle und Snowboard Weltmeisterschaften ausgetragen, die 2015 wieder dort veranstaltet wurden. Mittendrin wartete die Jaga-Alm auf ihn, dort kannte er die Kellnerinnen schon gut und hatte stets seinen Spaß. Aber erst nach Liftschluss. Seine Blase drückte. Die ›Grillbox‹ wollte er nicht aufsuchen, da gerade Mittagszeit und die Hütte sicher voll war. Tagsüber tummelten sich die Skifahrer lieber im oberen Bereich, daher war dieser Pistenabschnitt leer. Paul fuhr an den Rand, stellte seine

Ski überkreuz, öffnete Druckknopf und Reißverschluss seiner Skihose. Dabei blickte er über seine linke Schulter. Als niemand kam, verrichtete er seine Notdurft und besprengte den kleinen Hügel unter den Tannen. Interessiert sah er zu, wie der Schnee erst gelb wurde, schließlich schmolz und den einen Teil des Hügels freigab. Paul war die gefährliche Klimaerwärmung. Schelmisch grinste er den Hügel an. Das Auge, das der Schnee freigegeben hatte, starrte zurück. Daneben erkannte Paul eine menschliche Nase. Vor Schreck ließ er sein bestes Stück fallen und benetzte seine Hose. »Herrgott nochmal!« Jetzt würde er den Rest des Tages nach Gsoachat stinken. Rasch steckte er alles wieder an seinen Platz zurück, schloss den Zippverschluss und schnallte seine Skier ab. Vorsichtig näherte er sich dem vermeintlichen Hügel. Mit den Handschuhen wischte er die Schneereste weg. Ein sorgfältig gestutzter Bart kam zum Vorschein, ein zweites Auge, genauso weit aufgerissen und blutunterlaufen wie das erste. Eine schwarze Locke klebte an der Hornhaut. Himmel! Hatte er nicht einmal am Wochenende seine Ruhe? Sollte er einfach weiterfahren und seinen freien Tag genießen? Dafür war er zu sehr Polizeibeamter, mit Leib *und* Seele. Seufzend griff er zum Handy und rief die Polizeidienststelle in Murau an. Zum Teufel mit seinem freien Tag!

Eine Stunde später war die Stelle mit einem Absperrband gesichert, und der Arzt hatte den Tod bescheinigt.

»War ein Unfall«, sagte er zu Paul. »Der Karl riecht arg nach Schnaps. Die Abfahrt ist steil und schwer. Ich glaub, der ist die ganze Nacht da g'legn. Erfroren.«

»Könnte es sein, dass er über die Seile gefallen ist?«

»Die Pistenraupensicherungsseile? Ja mei, möglich.«

»Woher kennen Sie ihn?«

»Der Karl ist mit mir im Holzmuseumsförderclub.«

»Holz was?«

»Holzmuseumsförderclub. Eigentlich heißt er ›Verein Steirisches Holzmuseum‹, ich bin einer von den 84ern, also ein Gründungsmitglied. Kennen Sie das Holzmuseum in St. Ruprecht 115 nicht? Dann müssen S' hin.«

Paul hörte nur mit einem Ohr zu, denn Fritz Thaler, einer der Polizisten, reichte ihm ein Handy. Schwarz glänzte das Display. Nur Pauls Gesicht spiegelte sich darin. Durch die Kälte hatte sich der Akku entladen. Mit wem der Tote zuletzt Kontakt hatte, würden sie wohl erst später erfahren. Die Ausweistasche des Toten war schnell gefunden. »Karl Neumarkt.«

»Sag ich doch, das des der Karl is.«

»Neumarkt, wie der Ort?«

»Ganz genau«, warf Fritz Thaler ein. »Dem gehört die Brauerei in Murau 116.«

»Ganz recht, und ned nur die.« Der Arzt kratzte sich am Ohr. »Die Neumarkter sind sehr wohlhabend. Der Karl ist bei alle Vereine im Vorstand. Wohnen tut er aber nicht da.«

»Wo wohnt er denn?«

»In Oberwölz, beim Eingang zum Sagenweg.« 117 Er schlug die Hände über dem Kopf zusammen. »Mei, die arme Lisi.«

Fritz Thaler stapfte durch den Schnee auf Paul zu. »Und was macht ein LKAler am Kreischberg?« Grinsend fingerte er sich eine Zigarette aus dem zerknautschten Packerl.

»Ist mein freies Wochenende.«

»Na, blöd g'laufen.« Fritz Thaler lachte und zog am

Glimmstängel. »Dass gerade Sie die Leich finden. A so a Pech.«

»Oder a Glück«, mischte sich der Arzt ein. »Aber nachdem's ja ein Unfall war, werden S' die freien Tage wohl genießen können.«

Paul nickte, sein Gefühl sagte ihm jedoch, dass hier etwas faul war. Beim LKA hatte er schon eine Reihe Mordopfer zu sehen bekommen, deshalb stapfte er noch einmal zur Leiche und sah dem Toten in die Augen. Seltsam. Warum sollte jemand punktförmige Einblutungen haben, wenn es ein Unfall war? Warum waren die Augen derart weit aufgerissen? Wäre er an Unterkühlung gestorben, wäre er vorher eingeschlafen.

»Sagen Sie, wir sind hier ganz am Anfang der Schwarzen Piste. Wo ist das letzte Seil normalerweise gespannt?«

»Jetzt wo Sie es sagen …« Der Arzt räusperte sich. »Ich glaub, das fängt erst weiter unten an. Für Genaueres müssten Sie die Pistenleut fragen.«

Oder er ging gleich auf Nummer sicher. Zügig stapfte Paul um das Opfer herum und zog dessen Skihose bis über die Knie hoch. An den Beinen waren einige blaue Flecken zu sehen. Dann entfernte er die Skischuhe und zog auch die Socken von den Füßen. Nichts. Keine Striemen, kein Blut, keine Abschürfungen. Auch an der Hose, den Socken und den Schuhen wies nichts darauf hin, dass der Tote mit den Stahlseilen in Berührung gekommen war.

Paul stand auf und klopfte den Schnee von seinen Knien.

»Die Gerichtsmedizin in Graz sollte sich den Mann genauer ansehen«, sagte er zum Arzt. »Ich glaube nicht, dass es ein Unfall war. Ich kann keinen Hinweis finden, dass er über die Seile gestolpert wäre.«

»Selbst, wenn nicht, er riecht wie ein ganzes Schnapsfassl.«

»Ich würd trotzdem eine Obduktion machen, wenn der Kollege vom LKA meint«, mischte sich Fritz Thaler ein. »Immerhin handelt es sich hier um einen wichtigen Bürger der Region.«

»Ja meinetwegen, aber wer sollt denn was gegen den Karl haben. Der war beliebt.« Nachdenklich rieb sich der Arzt die Stirn. »Wer fährt denn jetzt nach Oberwölz?«

»Ich mach das schon«, sagte Fritz Thaler, und mit Blick zu Paul: »Wollen Sie vielleicht mitkommen, Herr Kollege?«

»Mit dem Skifahren ist es für heute eh vorbei. Ich ruf auf meiner Dienststelle an, sie sollen die freien Tage streichen und mich in den Dienst stellen. Und ich fordere gleich die Kommission samt Tatortgruppe an.«

In Oberwölz angekommen staunte Paul angesichts des Hauses, vor dem sie parkten – prachtvoll zitronengelb gestrichen, Säulen zierten den Eingang und trugen gleichzeitig die riesige Terrasse des ersten Stocks. Durch die offene Garagentür konnte er den Fuhrpark sehen. Jede Menge Automobile und zwei Harley Davidsons. Glänzender Lack und Chrom vom Feinsten. Trotz mehrmaligem Klingeln blieb die Eingangstür verschlossen. Fritz Thaler zuckte die Schultern. »Schauen wir mal in den Garten.«

Die Gartentür war nur angelehnt. Eine Frau, groß, dick vermummt, sodass man ihre Figur nur erahnen konnte, füllte Körner in ein Vogelhäuschen.

Unsicher knetete Fritz Thaler seine Kappe in den Händen. Angehörigen eine Todesnachricht zu übermitteln, war nie einfach. Wenn man die Menschen kannte, wurde es noch schwieriger. Paul räusperte sich. Die Frau drehte sich um und blickte von einem zum anderen. Schweigend stellte sie den Sack mit dem Vogelfutter auf den Eisensessel, der unter dem Baum stand. Fritz Thaler hatte die Sprache nicht wieder gefunden.

»Frau Berger?«, kam Paul dem Polizisten zu Hilfe.

Die Frau nickte kaum merklich. »Ist was mit dem Karl?«

Fritz Thaler lief auf Elisabeth Berger zu und nahm sie in den Arm. »Es tut mir so leid, Lisi, wir haben den Karl am Kreischberg neben der Einserpiste im Wald gefunden.« Elisabeth Berger drückte ihr Gesicht an Fritz Thalers Brust und schluchzte in seine Uniform. Als Gast am Rande der Szenerie konnte Paul nur abwarten, bis sich die Witwe beruhigte. Währenddessen schaute er sich im Garten um. Keine Frage, ein wahres Paradies hatten die Bergers hier geschaffen. Akkurat gestutzte Buchsbäume und Bambus umrahmten einen Teich, der vollständig zugefroren war. Ein Nussbaum, mindestens 50 Jahre alt, prangte am anderen Ende. Alles sah aufgeräumt und penibel aus, selbst die Gartengarnitur aus Teakholz war frisch gestrichen. Paul dachte an seine Holzstühle am Balkon in Graz, die mit der Zeit grau geworden waren. Nicht so bei den Bergers. In sattem Braun standen die Sessel in Reih und Glied um den ovalen Tisch herum. Der Zaun leuchtete noch weißer als der Schnee. Paul zippte seine Jacke zu. Irgendetwas stimmte hier nicht, und sein Gefühl trog ihn selten. Mittlerweile hatte die Witwe ihre Fassung wieder gewonnen, tupfte sich mit einem Taschentuch die Augen, löste sich vom Polizisten und schritt auf Paul zu. »Und wer sind Sie?«

»Paul Leitner mein Name, vom LKA in Graz, ich hab Ihren Mann … zufällig … gefunden.«

Elisabeth Berger stellte keine weiteren Fragen, zog die Jacke enger an sich und nickte. »Kommen Sie bitte herein.«

Sie öffnete die Hintertür und geleitete sie ins Wohnzimmer, das größer war als Pauls ganze Wohnung. Seltsam verloren sah Elisabeth Berger in ihrem Heim aus, nachdem sie sich der Daunenjacke, des Schals und der Haube entledigt hatte. »Wissen Sie schon Genaueres?«

Paul sah auf die Uhr. »Er dürfte wohl mittlerweile in der Gerichtsmedizin angekommen sein, der örtliche Arzt nimmt an, dass es ein Unfall war.«

»Und was denken Sie?« Ihr Blick war unergründlich.

»Ich bin mir nicht sicher. Haben Sie sich gar keine Sorgen um Ihren Mann gemacht?«

Elisabeth Berger betupfte sich die Augen noch einmal mit dem Taschentuch. »Es ist für mich nicht ungewöhnlich, wenn Karl nicht heimkommt. Er ist ständig unterwegs mit den Vereinen und Freunden, und wenn er dann was trinkt …« Sie brach ab. »Jedenfalls ist mir dann lieber, er schläft gleich woanders, bevor etwas passiert.«

»War Ihr Mann Alkoholiker?«

»Wie kommen Sie drauf?«

»Er hat sehr stark nach Schnaps gerochen.«

»Hier ist es normal, dass man was trinkt, wenn man unterwegs ist.«

»Das ist das Stichwort. Mit wem war Ihr Mann unterwegs? Er wird doch nicht alleine gefahren sein.«

»Keine Ahnung.« Sie hob die Schultern und blickte zur Seite, als ob sie etwas suchen würde.

»Dürfte ich kurz die Toilette aufsuchen?«

Elisabeth Berger erklärte ihm den Weg. Paul hörte nicht auf ihre Instruktionen, denn er führte etwas anderes im

Schilde. Er schlich die Treppe hinauf und sah sich um. Die ersten Türen waren rasch abgehakt: Bad, Klo, Schlafzimmer. Im Arbeitszimmer lag ein Terminplaner auf dem Schreibtisch. Beim ersten Durchblättern fand er nichts Aufschlussreiches, geschweige denn einen Hinweis auf einen etwaigen Schiausflug. Nächste Tür, noch ein Schlafzimmer. Kühl und zweckmäßig eingerichtet. Im Schrank hing Männerkleidung, die Hemden trugen Karl Bergers Initialen. Paul schlich noch einmal in das andere Schlafzimmer und bemerkte, dass dieses eine weibliche Note aufwies. Blieben ein zweites Badezimmer inklusive Toilette und eine Art Kinderzimmer, das wohl als Gästezimmer verwendet wurde.

Leise sauste er die Stiegen wieder hinunter. Elisabeth Berger stand am Treppenabsatz. »Wie gesagt, wir haben unten ein Gästeklo.« Ihre Stimme klang barsch.

»Tut mir leid. Hab mich wohl verlaufen.«

Sie verabschiedeten sich von der Witwe, als der Psychosoziale Dienst, den sie zuvor angerufen hatten, eintraf. Im Auto brach Paul sein Schweigen. »Die schlafen getrennt.«

»Kann nicht sein.«

»Hab ich abgecheckt. Sie hat sich schnell erholt, finden Sie nicht?«

»Bitte hören wir auf mit der Siezerei, ich fühl mich wie in einem miesen Krimi.«

»Das sind wir ja auch.«

Lachend startete Fritz Thaler den Wagen.

Drei Tage später stand die Todesursache fest. Tod durch Ersticken. Im Rachen von Karl Berger fanden sich Fasern, die zu Skihandschuhen passten. Deshalb auch die Punktblutungen in den Augen und auf der Haut. Zusätzlich hatte Paul toxikologische Tests veranlasst. Doch diese Befunde würden noch länger dauern.

Die Hüttenwirte entlang der Pisten hatten keine Erinnerungen an eine bestimmte weitere Person. Es schien so, als wäre Berger in wechselnder Begleitung unterwegs gewesen. Zuletzt war er um 18 Uhr im ›Schluckspecht‹ gesehen worden. Laut Obduktionsbericht musste er zwischen 18 und 24 Uhr gestorben sein.

Im Gasthof Lercher traf sich Paul mit Fritz Thaler zum Mittagessen. Der Polizist winkte schon von Weitem mit einem Gerät, das sich in der Nähe als Bergers Smartphone entpuppte. »Wir haben es aufgeladen. Schau einmal, das ist interessant.«

Paul nahm das Smartphone entgegen, blickte kurz auf das Display, drückte auf das Play-Zeichen über einem Foto und startete einen Film:

Das Wasser schäumte, sprudelte und brauste tosend zu Tal. Ein schmaler Steg aus Treppen, Brücken und Wegen führte knapp neben dem Felsen hinauf. Nass glänzte das Holz im Sonnenlicht. Dann das Lachen eines Mädchens. Anhand der Stimme war das Alter nicht erkennbar. Eine Nase, übersät mit Sommersprossen, schob sich ins Bild. Darüber zwei blitzende grüne Augen. »Warum filmst du mich ständig?«

Eine Männerstimme antwortete: »Weil du schön bist.«

Sie lachte und lief über die nassen Planken. Die Kamera folgte ihr, zeichnete ihren Körper dabei nach, zoomte ihr Haar heran, ihr Ohr, fuhr die Körperkonturen entlang und hielt am Saum des Minirocks kurz inne. Ein Schwenk auf die Schenkel, die Kniekehlen und Waden. Schweres Atmen und Stöhnen im Hintergrund. Das Mädchen drehte sich um, blickte grinsend in die Kamera, kräuselte ihre Nase. Das Strahlen ihrer Augen zerfloss, als sie den Blick senkte. Wich einem entsetzten Glitzern. »Was tust du da?«

Der Film stoppte. Irritiert drückte Paul noch einmal auf das Pfeilsymbol, aber auch beim Wiederholen stoppte der Film an derselben Stelle. Er durchforstete die Mediengalerie und fand Fotos von weiteren Mädchen und vier Videos.

»Wir haben nachgeforscht«, sagte Fritz Thaler kauend. »Die Videos mit den Mädchen sind an interessanten Plätzen gedreht worden, am Martin Zeiller Pfad 118 zum Beispiel und im Naturschutzgebiet Sölkpass 119, am Greim und beim Günstner Wasserfall 120, auch der liegt abgeschieden zwischen Schöder und Krakaudorf.«

»Aber es ist nichts Verbotenes auf den Bildern und Videos. Die Mädchen sind sicher über 15.«

»Kann täuschen, unlängst haben wir eine 13-Jährige in der Tenne aufgegabelt. Die hat sich so gut geschminkt, dass die Türsteher ihr die angeblichen 18 Jahre abgenommen haben.«

»Was wissen wir über die Mädchen auf dem Handy?«

»Haben wir ausgeforscht und befragt. Sie sagen alle, dass sie mit dem Karl befreundet waren, er hat sie zu Ausflügen eingeladen, und das wäre es gewesen. Aber mit einer konnten wir nicht sprechen. Dem Mädchen vom Wasserfall. Es handelt sich um Katharina Weber. Pikante Geschichte. Das Mädel hat sich vor einem Jahr umgebracht.«

Paul spielte den Film noch einmal ab. Ein lebensfrohes Mädchen lächelte ihn an. »Gab es denn Hinweise auf einen Suizid?«

»Damals nicht. Kein Abschiedsbrief, nichts.«

»Was ist mit den Eltern?«

»Die haben sich ein halbes Jahr danach getrennt. Katharina war ihr einziges Kind. Die Weberin wohnt jetzt in Ranten. Der Gerhard noch in Schöder. Aber der hätte auch nicht weg wollen, wegen dem Hof.«

Paul schluckte den letzten Bissen Brot hinunter, leerte die Tasse und wischte sich mit der Serviette über den Mund.

»Lass uns fahren.«

Katharinas Mutter war nicht zu Hause und auch nicht erreichbar. Bei den Nachbarn deponierten sie einen Zettel, bevor sie weiter nach Schöder fuhren. Auch Gerhard Weber war nicht zu Hause anzutreffen. Am Hauptplatz kam ihnen der auskunftsfreudige Pfarrer entgegen. »Der Gerhard ist sicher beim Hirschenwirt [121]. Heut trifft sich der Hutclub.«

Paul zog fragend die Augenbrauen hoch. Der Pfarrer lachte. »Gehen S' nur rein, dann werden S' schon sehen, was es damit auf sich hat.«

In der Gaststätte wurden sie von Zigarettenqualm und Gelächter empfangen. An zwei kleinen Tischen wurde Bauernschnapsen gespielt. Aus einer Kammer hörte man Steirerlieder. Ein Plakat kündigte das Konzert des Schöderer Doppelquartetts an, vermutlich probten sie gerade. Paul und Fritz Thaler gingen in den Veranstaltungsraum am anderen Ende. Am großen Tisch saßen die Mitglieder der Blasmusikkapelle, leicht erkennbar an ihren grünen Jankern mit Goldknöpfen und Edelweißmuster. Die Instrumente waren in Koffern oder lose in den Ecken am Boden gelagert. Daneben erblickte Paul einen weiteren Tisch mit mehreren Männern, die alle eine Kopfbedeckung trugen oder am Tisch liegen hatten. Beachtliche Gamsbärte zierten die steirischen Filzhüte. Das musste wohl der Club sein, von dem der Pfarrer gesprochen hatte. Interessant, was es für Vereine gab. Lautes Johlen drang zu ihnen herüber, als der Wirt namens Toni mit einem voll beladenen Tablett zum Tisch ging und die Krügerl austeilte. Zusammen mit Fritz Thaler ging Paul auf die lustige Runde zu. Sofort verstummte das Gelächter. »Griaß di, Fritz, wer ist der mit der Krawatt'n?«

»Darf ich vorstellen: Paul Schachinger vom LKA in Graz, und das ist der Bürgermeister Franz Tauber.«

Die Männer reichten sich die Hände. »Ja mei, kommt's ihr wegen dem Karl?«

»Arge G'schicht«, warf ein bierbäuchiger Pfeifenraucher ein. »Der Karl war so ein guter Kerl.«

»Ja, Waldemar, wir werden schon herausfinden, was los war. Aber du bist mal ganz ruhig, gell?«

»Hängt mir das mit die Bäume immer no' nach?«

»Der Waldemar«, erklärte Fritz, »hat dem Alois jedes Jahr eine Tanne aus dem Wald gestohlen.«

»Geh, bei dir klingt das wie ein Verbrechen. I hab mir die Bäume nur borgt. Er hat eh den ganzen Wald voll.«

»Ist der Gerhard da?«

»Der Gerry ist grad vor einer halben Stund heim'gangen.«

»Jo heut war's schlimmer als sonst«, warf der Bürgermeister ein. »Ganz fertig war er.«

Paul setzte sich zwischen die Männer und bestellte ein Glas Wasser, das ihm die Wirtin sofort brachte. »Inwiefern war er fertig?«, fragte er nach einem Schluck.

»Na hinüber«, sagte Waldemar. »Schau, er hat keine Arbeit, keine Frau, kein Kind mehr, kein Geld, den Hof wird er verlieren. Der is hin. Komplett.«

»Ja«, warf der Bürgermeister ein. »Seit das mit der Kathl passiert ist, geht's mit dem Gerry den Bach runter.«

»Er hat immer g'sagt, dass er den finden wird, der dafür verantwortlich is.«

»Bei Selbstmord wird er lang suchen müssen.« Paul strich sich die Haare aus der Stirn. Heiß und stickig war es in der Gaststube. Lautes Stühlerücken schmerzte in seinen Ohren. Die Bläser brachen soeben auf.

»Irgendwas is mit der Kathl passiert.« Waldemar blies den Rauch aus. »So a liabes Madl, immer strahlend. Dann auf amoi hat sie nur noch wie a Gruftie herg'schaut und is immer dünner worden. Zum Fürchten …«

»Von dem her hat der Gerry g'meint, dass was war.« Horst Zander strich über seinen Gamsbart und setzte den Hut auf. Aber die Kathl hat nix erzählt. I muass dann geh'n.«

Paul räusperte sich. »Wir werden dann auch gehen, bevor der Herr Weber schlafen geht.«

»Der kann nimmer schlafen. Wiederschau'n.«

Von Weitem sahen sie, dass am Weber-Hof kein Licht mehr brannte. »Stopp, schalt die Scheinwerfer aus.«

Fritz Thaler reagierte sofort. Der Traktor von Gerhard Weber bog eben auf die Landstraße ein. »Wer fahrt um diese Zeit mit dem Traktor weg, im Winter?«

»Das Auto hat er verkauft, trotzdem ist das eine gute Frage, deshalb folgen wir ihm.«

Eine Dreiviertelstunde später erreichten sie ein bereits bekanntes Gebäude in Oberwölz, wo eine Frau in der geöffneten Tür wartete. Gerhard Weber sprang vom Traktor und lief hinein. »Na, da hamma's.« Fritz Thaler schüttelte den Kopf. »Die trauernde Witwe. Du hast recht gehabt.«

Nachdenklich stieg Paul aus dem Wagen. Thaler folgte ihm zum Haus. Ohne zu klingeln, traten sie ein. Gedämpftes Stöhnen wies ihnen den Weg. Kleidungsstücke säumten den Teppich im Flur, Schweißgeruch lag in der Luft, mitten im Wohnzimmer ein Bündel aus nackten Armen und Beinen, stoßweise atmend, ineinander verwoben, die Haut feucht und glänzend, Fleisch, das aneinander klatschte. Das Treiben hatte etwas Verzweifeltes an sich, etwas Endgültiges. Ein letztes Aufbäumen, dann sackten die Körper zusammen und lösten sich voneinander, begleitet vom leisen Schluchzen des Mannes. Als die Frau sich zu ihm umdrehen wollte, erblickte sie die Beamten, schrie auf und bedeckte ihre Scham und den wogenden Busen, so gut es ging, mit den Händen. »Was erlauben Sie sich!«

Gerhard Weber wischte sich übers Gesicht und schlüpfte in eine Hose, die am Boden lag. »Es ist nicht, wie Sie denken. Wir haben vorher noch nie …«

»Ja«, bestätigte Elisabeth Berger. »Das war das erste Mal.«

»Vermutlich auch das letzte. Wir haben Grund zur Annahme, dass Ihr Mann ermordet wurde.«

Elisabeth Berger lachte. »Dann hat er bekommen, was er verdient hat. Das Schwein! Sie haben ja keine Ahnung, wie es ist, mit einem Mann verheiratet zu sein, den alle mögen und doch keiner richtig kennt.«

»Lisi, hör auf.« Gerhard Huber kam auf Paul zu. »Sie können mich mitnehmen. Ich bin verantwortlich und nein, ich bereue gar nichts.« Vom Glastisch nahm er ein Büchlein und warf es Paul hin. »Lesen Sie. Ich hab es vor sechs Monaten im Zimmer meiner Tochter gefunden.«

»Um es kurz zu machen: Mein Mann hatte ein Faible für Schülerinnen, hat sie eingeladen und ab und zu ist er über sie hergefallen. Ich wusste es schon lange, konnte aber nichts dagegen tun. Die Mädchen haben geschwiegen. Karl hat sie mit Geld und Geschenken zum Schweigen gebracht.«

»Er hat die Kathi auf dem Gewissen, meine Ehe zerstört, mein Leben. Wenigstens der Lisi konnte ich noch helfen. Sie können mich jetzt verhaften.«

»Hör doch auf, du kannst doch keiner Fliege was zuleide tun. Wir haben das doch zusammen geplant, damals auf dem Maxlaunmarkt [122].«

»Aber ich hab es alleine durchgezogen und ihm die Tropfen gegeben, da hat es ihn auf der Piste zerlegt. Ich hab ihn dann an den Rand gezerrt, damit er erfriert.«

»Karl Berger ist aber nicht erfroren. Wir haben nur einen Handschuh am Pistenrand gefunden, der zu den Fasern in seiner Lunge passt. Ich wette, wir finden den zweiten bei Ihnen, Herr Weber.«

»Das glaub ich nicht.« Elisabeth Berger wühlte in einer Truhe und förderte einen blauen Skihandschuh zutage. »Vergleichen Sie diesen hier mit dem, den Sie gefunden haben. Ich bin dem Gerry gefolgt. Karl hat noch geatmet, ich konnte nicht riskieren, dass man ihn lebend findet.«

»Oh Gott, Lisi! Nein!« Gerhard Webers Knie knickten ein. Schluchzend übergab er sich auf dem Hochflorteppich.

»Jetzt ist es vorbei, Gerry.« Sanft strich sie ihm über den Kopf, während er ihre Knie umklammerte. Längst versuchte sie nicht mehr, ihre Blößen zu verdecken. Nackt stand sie vor ihnen. Es hatte etwas Ehrliches und Ursprüngliches an sich, das Paul rührte. Er sammelte die

Kleider ein, reichte sie ihr und beobachtete, wie sie sich anzog. Kein Zittern. Kein Weinen, kein Laut kam ihr über die Lippen. Einmal noch sah sie zu Gerhard Weber, um den sich Fritz Thaler gerade kümmerte, dann stellte sie sich mit dem Rücken zu Paul und streckte die Arme nach hinten.

»Warum haben Sie das gemacht?« Behutsam legte er ihr die Handschellen an.

»Für die Mädchen, die Karl kaputtgemacht hat, und für die, die noch gefolgt wären.«

Draußen empfing sie die Kälte der sternenlosen Nacht. Zarte Flocken fielen auf Pauls Gesicht. Mit der Zungenspitze leckte er sich die Kristalle von den Lippen. Ein Rentier aus Lichtern blinkte hinter einem Zaun. Bunt und grell. Weihnachtlicher Gesang und Gelächter drangen aus den Häusern dahinter. Familienidylle. Pure Harmonie.

Eiskristalle klebten an der Windschutzscheibe, und Paul fragte sich, wie viele Herzen aus Eis sich wohl hinter diesen und anderen Mauern verbargen.

114 Kreischberg: Gut erschlossenes Skigebiet mit zahlreichen Schlepp- und Sesselliften bis zur Rosenkranzhöhe (2.118 Meter). Neue 10er Gondelbahn für bis zu 3.000 Personen in der Stunde. Der ›Funpark Airypark‹ macht den Kreischberg zum Mekka für Snowboarder und Ski Freestyler, deren WM 2015 hier ausgetragen wurde. Zahlreiche Hütten, die auch in der Wandersaison gut besucht sind.

115 Holzmuseum St. Ruprecht: ›Holz-Erlebniswelt‹, die auf 10.000 m² den wichtigsten Rohstoff der Region in allen Variationen präsentiert, von einst bis jetzt. Zentraler Punkt der Holzwelt Murau.

116 Murauer Brauerei-Museum: Seit über 500 Jahren wird hier das beliebte Murauer Bier gebraut. Wie das genau vor sich geht, erschließt sich den Besuchern im Brauerei-Museum, das im uralten Gewölbekeller der Brauerei untergebracht ist.

117 Sagenweg Oberwölz: Zehn Stationen mit Skulpturen, Objekten und Schautafeln erzählen Sagen aus der Region. Von der kleinsten Stadt der Steiermark führt der Weg die historische Stadtmauer von Oberwölz entlang durch den Wald bis zur Burg Rothenfels und zurück. Gehzeit: 1 ½ Stunden

118 Martin-Zeiller-Pfad Ranten
Anlässlich des 400. Geburtstages des berühmtesten

Sohnes von Ranten, Martin Zeiller (Reiseschriftsteller und Topograph) errichtet. Gestaltet wurde der Pfad vom Künstler Alfred Schlösser, der auch den Rantener Dorfbrunnen im Martin-Zeiller-Garten entwarf.

119 Naturschutzgebiet Sölkpass: Das Naturschutzgebiet um den Sölkpass (1.788 Meter) und der Greim (2.474 Meter) zählen zu den schönsten Wandergebieten auf der Südseite der Niederen Tauern. Unterschiedliche Schwierigkeitsgrade von Leicht-, Seen- und Gipfelwanderungen, vielseitige Tier- und Pflanzenwelt, zahlreiche Almhütten zum Einkehren. Herrliche Bergseen: Zwiefler Seen, Kaltenbach See, Rettl See und Funklsee

120 Günstner Wasserfall: Höchster Wasserfall der Steiermark, zwischen Krakaudorf und Schöder gelegen. Pro Sekunde stürzen bis zu 300 Liter Wasser über den 65 Meter hohen Urgesteinsfelsen, zwei Kessel und drei Kaskaden ins Tal. Gehzeit durch den Günstner Wasserfall (über Stiegen): ca. 30 Minuten

121 Filmweg-Wanderung Hirschenwirt Schöder–Krakaudorf: Wanderung zu den Schauplätzen der 1990er Fernsehserie ›Die Leute von St. Benedikt‹ (mit Barbara Wussow, Albert Fortell, Toni Sailer u.a.). Die Drehorte sind mit hölzernen Tafeln in der Form von Filmklappen gekennzeichnet.

122 Maxlaunmarkt Niederwölz: Seit 1536 immer am zweiten Wochenende im Oktober zu Ehren des

Pfarrpatrons Maximilian. Bis in die 1950er Vieh- und Krämermarkt, mittlerweile ins UNESCO Kulturerbe aufgenommen. Heute wirtschaftlich bedeutende Messe, die jährlich rund 50.000 Menschen vor allem wegen der landwirtschaftlichen Produkte und Geräte besuchen. Daneben ein Vergnügungspark mit Festzelten und Verkaufsständen.

Außerdem sehenswert:

123 Schaubergwerk Oberzeiring – Heilstollen: Silber wurde hier zuletzt 1885 abgebaut. Heute fahren nur noch Besucher in die faszinierende, sagenumwobene Silbergrube mit ihren weitläufigen Stollen ein. Patienten mit Atemwegsbeschwerden machen sich die hohe Luftfeuchtigkeit im staubfreien Heilstollen zunutze.

124 Goldwaschanlage Freizeitanlage Pusterwald: Mit etwas Glück und Geduld, einer Goldwaschschüssel, Schaufel und kurzer Goldwaschanleitung stellt sich binnen kurzer Zeit der Goldrausch ein. Gefundene Goldplättchen können mit nach Hause genommen werden.

125 Red Bull Ring: Ein Muss für Motorsport-Begeisterte auch abseits der Rennen der Formel 1 und DTM, Red Bull Air Race etc. Wer möchte, kann selbst seine Runden auf zwei oder vier Rädern drehen, on- oder offroad, mit professionellem Fahrer oder ohne. Der Fuhrpark lässt kaum Wünsche offen.

AUTORENVITEN

Herbert Dutzler

Geboren 1958 in einem Haus, an das heute nur noch der Parkplatz des Seniorenheims erinnert. Und selbst das soll bald abgerissen werden. Matura am 8. Juni 1977, an dem ein Donnerschlag während der letzten mündlichen Prüfung als göttliches Zeichen aufgefasst werden durfte. Studium der Germanistik und Anglistik in Salzburg, Diplomarbeit zum deutschen Kriminalroman der 70er- und 80er-Jahre. 31 Jahre Unterrichtstätigkeit in den Fächern Deutsch und Englisch. Intensiver Kontakt mit der Schulbürokratie ließ es zwingend notwendig erscheinen, Gewaltfantasien in das literarische Schaffen abzuleiten. Der große Erfolg seiner Altaussee-Krimis spricht für sich.

www.herbertdutzler.com

Lisa Lercher

Geboren 1965 in Hartberg, ist in Mautern im Liesingtal aufgewachsen, wo sie sich bei heimatlichen Kurzurlauben immer wieder gern inspirieren lässt. Nach dem Studium der Erziehungswissenschaften in Graz zog sie nach Wien und ist in der Bundesverwaltung tätig. Seit 2001 hat sie zahlreiche Kurzkrimis und sechs Kriminalromane veröffentlicht – darunter »Die Mutprobe«, die für den ORF/

MDR 2010 verfilmt wurde – und zuletzt »Mord im besten Alter« (2013). Kriminalroman Nummer sieben ist in Vorbereitung.

Ilona Mayer-Zach

Geboren 1963 in Graz, wo sie ihre Kindheit und Jugend verbrachte. Nach der Matura arbeitete sie einige Jahre im Ausland, vor allem in Italien. Zurück in Graz war sie als Journalistin tätig und berichtete unter anderem für die APA über den Jack-Unterweger-Prozess. In Wien absolvierte sie das Publizistikstudium und gründete ihr ›Textwerk IMNetzwerk‹. Sie schreibt Kriminalromane, Kurzgeschichten, Jahrgangs- und Geschichten-Bände, Bühnenstücke und Rätselkrimis. Heute lebt sie mit ihrer Familie in Wien, ist aber häufig in Graz anzutreffen.

www.imnetzwerk.at

Beate Maxian

Österreicherin mit bayerischen Wurzeln, lebt als Autorin, Moderatorin und Journalistin in Oberösterreich, besucht häufig ihre Tochter, die in Graz studiert. Sie organisiert das KRIMI LITERATUR FESTIVAL.at und leitet Krimi-Workshops für Jugendliche. Veröffentlichungen: Kurzkrimis, Theaterstücke, Sachbücher, ein Kinderbuch für UNICEF. Ihre Kriminalromane mit der Journalistin

Sarah Pauli sind österreichische Bestseller. Stipendium Literaturhaus Wiesbaden, Nominierung für den Leo-Perutz-Preis der Stadt Wien mit »Tod hinter dem Stephansdom«.

www.maxian.at

Günter Neuwirth

Geboren 1966, wuchs in Wien auf. Nach dem Studium der Philosophie und Germanistik zog es ihn für mehrere Jahre nach Graz. Heute wohnt und arbeitet er am Waldrand der steirischen Koralpe. Nach Liebeleien mit Jazzmusik und Kabarett lebt er nun für die Literatur, seine Familie und den Gemüsegarten.

www.guenterneuwirth.at

Robert Preis

1972 in Graz geboren. Nach Roman-Ausflügen in den Bereich der Fantasy (»Schatten über Anderswo«, 2007) und des Historischen Romans (»Das Gerücht vom Tod«, 2009) verfasste er 2012 seinen ersten Kriminalroman »Trost und Spiele«. Die Story um den Grazer Kriminalbeamten Armin Trost fand 2013 in »Graz im Dunkeln« seine Fortsetzung. 2014 erschien mit »Die Geister von Graz« Teil 3 der Serie. Der Autor lebt mit seiner Familie in der Nähe von Graz.

www.robertpreis.com

Claudia Rossbacher

Geboren in Wien, war nach dem Studium der Tourismuswirtschaft Model, Texterin und Kreativdirektorin in internationalen Werbeagenturen. Heute lebt sie als freie Autorin an der Seite ihres steirischen Mannes in Wien und schreibt vorwiegend Kurzkrimis und Kriminalromane. Ihr Alpen-Krimi »Steirerblut« wurde für den ORF verfilmt. Die Folgebände konnten sich, wie schon der erste Fall der LKA-Ermittlerin Sandra Mohr, monatelang in den österreichischen Beststellerlisten behaupten. »Steirerkreuz« wurde zudem mit dem »Buchliebling 2014« ausgezeichnet.

www.claudia-rossbacher.com

Clementine Skorpil

Clementine Skorpil, geboren 1964 in Graz, Studium der Sinologie und Geschichte, Journalistin und Lektorin bei der österreichischen Tageszeitung »Die Presse«, Lektorin an der FH Campus Wien. Sie publiziert Erzählungen, Kurzprosa, Kurzkrimis und historische Romane, die in China spielen. Zuletzt: »Gefallene Blüten«, Ariadne, 2013. Der nächste Shanghai-Roman, »Weißer Mohn«, wird im Herbst bei Löcker erscheinen. Gewinnerin des DiePresse/Schaufenster-Kurzprosawettbewerbs zum Thema »Sommerfrische«, 2011, erster und dritter Preis beim »Zeilen. lauf«-Wettbewerb, 2012 und 2013. Lebt mit Familie in Neulengbach, Niederösterreich.

www.skorpil.at

Andrea Stift

Wie so viele Südsteirer wurde Andrea Stift in der damals noch vorhandenen Geburtenstation des LKH Wagna geboren und wuchs in Spielfeld an der ebenfalls damals noch vorhandenen Grenze zu Slowenien auf. Sie studierte in Graz Sprachwissenschaft und Germanistik und ist seit 2012 freie Schriftstellerin. Ihre Affinität zur Südsteiermark verarbeitete sie in »Wilfert und der Schatten des Klapotetz« (2013), dessen Hauptperson Wilfert auch im Kurzkrimi des vorliegenden Bandes ermittelt.

www.andreastift.at

Isabella Trummer

Geboren 1958 in Maria Lankowitz. Ausbildung zur Hauptschullehrerin in Graz. Unterrichtet als Diplompädagogin Englisch und Bildnerische Erziehung in der Neuen Mittelschule im weststeirischen Edelschrott. Ausbildung zur Bildungs- und Schülerberaterin. 2011 Kooperation mit der Leseoffensive Steiermark. Lebt im Bezirk Voitsberg, wo sie auch die Handlungsschauplätze ihrer bislang vier Inspektor-Kammerlander-Krimis angesiedelt hat: »Unter der Oberfläche«, »Das dunkle Ende des Traums«, »Das Grab«, »Der Schrei des Lipizzaners«.

www.i-trummer.com

Jennifer B. Wind

Geboren 1973 in Leoben, hat ihre Kindheit in Schöder bei Murau verbracht, wohnt jetzt mit ihrer Familie südlich von Wien. Die ehemalige Flugbegleiterin schreibt Romane, Drehbücher und Kurztexte. Zahlreiche Kurzgeschichten, Rätselkrimis, Rezensionen und Gedichte wurden in Literaturzeitschriften, Zeitungen, Anthologien und Magazinen veröffentlicht, einige davon mit Preisen ausgezeichnet. Ihr Debütroman »Als Gott schlief« war 2014 monatelang unter den Top 10 E-Books der Krimi/Thriller Bestsellerlisten zu finden und ist Ende desselben Jahres als Taschenbuch im Gmeiner Verlag erschienen.

www.jennifer-b-wind.com

CLAUDIA ROSSBACHER
Steirerland

978-3-8392-1683-5 (Paperback)
978-3-8392-4643-6 (pdf)
978-3-8392-4642-9 (epub)

»Die österreichische Bestsellerautorin serviert ihren nächsten spannenden Fall im malerischen Steirischen Vulkanland.«

Sandra Mohrs Auszeit neigt sich dem Ende zu, als sie der Ruf des Chefinspektors Sascha Bergmann zu einem Leichenfund ereilt. Diensteifrig folgt die LKA-Ermittlerin diesem in ein Waldstück nahe Straden, um dort den verstümmelten Toten zu begutachten, dem beide Hände fehlen. Wenig später erfährt sie, dass es vor Kurzem einen ähnlichen Mord in der Nähe gab – der Leiche waren die Beine abgetrennt worden. Sandra befürchtet, dass der Täter bereits ein weiteres Opfer im Visier hat. Und sie soll recht behalten …

CLAUDIA ROSSBACHER
Enter ermittelt

978-3-8392-1371-1 (Paperback)
978-3-8392-4065-6 (pdf)
978-3-8392-4064-9 (epub)

»Von wegen Goldenes Wienerherz!«

Von wegen Goldenes Wienerherz! Hier wird zugeschlagen, vergiftet, geschossen, gewürgt und zugestochen, bis der Tod eintritt. Wien ist gefährlich. Doch der kultige Kommissar Franz Enter legt jedem Verbrecher schnell das Handwerk, dafür braucht er nur ein paar Seiten. Helfen Sie ihm 30 knifflige Fälle zu lösen und lernen Sie dabei die Stadt mit ihren unterschiedlichen Milieus kennen – schwarzer Humor, morbider Charme und Wiener Schmäh inklusive!

CLAUDIA ROSSBACHER
Steirerkind

978-3-8392-1396-4 (Paperback)
978-3-8392-4113-4 (pdf)
978-3-8392-4112-7 (epub)

»Ein weiterer Alpen-Krimi der Extraklasse!«

Zwei Tage vor Beginn der Alpinen Ski-WM in Schladming wird eine Leiche unter der Eisdecke des Steirischen Bodensees gefunden. Es handelt sich um den seit Wochen vermissten Cheftrainer des österreichischen Herrenskiteams. Prompt gerät der prominente Skirennläufer Tobias Autischer unter Mordverdacht. Doch hat der WM-Favorit den Coach, der ihn von Kindheit an gefördert hatte, tatsächlich umgebracht? Sandra Mohr und Sascha Bergmann vom LKA in Graz ermitteln.

GMEINER SPANNUNG

WWW.GMEINER-VERLAG.DE
Wir machen's spannend

CLAUDIA ROSSBACHER
Steirerherz

978-3-8392-1243-1 (Paperback)
978-3-8392-3817-2 (pdf)
978-3-8392-3816-5 (epub)

»Ein Alpen-Krimi der Extraklasse!«

Abteilungsinspektorin Sandra Mohr und Chefinspektor Sascha Bergmann vom LKA in Graz werden in die Weststeiermark gerufen, um einen grausamen Mord aufzuklären. Die bildhübsche 19-jährige Studentin Valentina Trimmel wurde gepfählt und wie eine Vogelscheuche auf dem Kürbisacker ihres Vaters aufgestellt. Die Spuren führen zunächst nach Graz, wo der Freund des Opfers und dessen Vater, ein reicher Autohändler, ins Visier der Ermittler geraten. Sandra fürchtet, dass der Mörder ein weiteres Mal zuschlagen wird …

MARTIN MUCHA
Liebessiegel

978-3-8392-1752-8 (Paperback)
978-3-8392-4767-9 (pdf)
978-3-8392-4766-2 (epub)

»Arno Linder jagt den Mörder seiner Jugendliebe. Seine Frau darf davon nichts ahnen, die Polizei davon nichts wissen und der Mörder davon nichts merken.«

Arno Linder ist am Ziel seiner Träume angekommen. Er ist endlich Professor, er ist verheiratet und seine Laura erwartet ein Kind. Die schlimmen Tage scheinen hinter ihm zu liegen und allem kann er widerstehen – bloß der Versuchung nicht … Die steht in Form seiner alten Jugendliebe Kaede Yoshikawa unerwartet vor der Tür. Als diese plötzlich die Stadt verlassen muss kann Arno aufatmen – doch nur kurz. Kaede wird ermordet und Arno versucht, ohne das Wissen seiner Frau und der Polizei, den Mörder zu entlarven.

MANFRED BAUMANN
Mozartkugelkomplott

978-3-8392-1773-3 (Paperback)
978-3-8392-4809-6 (pdf)
978-3-8392-4808-9 (epub)

»Dieser Krimi ist wie eine Mozart-Sinfonie: heiter, verspielt, galant, dann wieder bedrohlich, düster, rätselhaft, und stets reich an überraschenden Wendungen …«

In der Hand eine Mozartkugel. Auf dem Kopf eine Mozartperücke. So liegt der Schauspieler Jonas Casabella, splitternackt und tot, in Mozarts Geburtshaus. Dieser bizarre Anblick ist nur der Anfang einer Serie rätselhafter Ereignisse mit zwielichtigen Personen, denen sich Kommissar Merana gegenübersieht: rivalisierende Zuckerbäcker, profittreibende Musikmanager, verzweifelte Wunderkinder, erpresserische Fädenzieher. Und auch Meranas Herz wird im Lauf der Ermittlung eine tiefe Wunde zugefügt.

GMEINER SPANNUNG